________ 님.

당신은 행복하기 위해 태어난
귀하디귀한 존재입니다.

단 한번뿐인 인생!
후회 없는 감동적인 인생을 위해
이제부터라도 진정으로 원하는 것을
생각하고 선택하세요.

인생의 주인공으로 성장할 당신을
뜨겁게 응원합니다!

조성희.

뜨겁게 나를 응원한다

조성희

국내 1호 마인드파워 스페셜리스트. 마인드스쿨 대표

마인드 분야의 세계 최고 권위자이자 나폴레온 힐의 계승자인 밥 프록터의
한국 유일한 비즈니스 파트너로서, 미국에서 직접 트레이닝을 받고 돌아왔으며
브라이언 트레이시 인터내셔널 국제교수 자격도 보유하고 있다.

해외연수 한 번 없이 마인드파워로 영어를 완전히 먹어버린 국내파로
영어로 세미나를 진행하고 있으며, 마인드파워 프로그램뿐 아니라
마파영(마인드파워로 영어먹어버리기)을 개발, 특허까지 냈다.
특히 마파영을 통해 영어를 포기했던 사람들이 영어실력뿐 아니라
마인드가 바뀌며 글로벌로 진출하는 수많은 사례들을 만들어내고 있다.

마인드파워를 공부하며 자신의 인생을 180도 송두리째 바꿔버린 그녀는
보이지 않는 내면의 마인드파워를 공부하는 것이 인생에서 가장 중요하고,
그것이 진정한 교육이라고 강조하고 있다.

조 대표는 '마인드파워로 세상을 이롭게 한다'라는 사명으로 한국을 넘어
글로벌로 마인드 교육을 확대하고 있으며, 삶을 힘겨워하던 수많은 사람들이
이미 마인드 교육을 통해 인생 반전을 실현해내는 등 마인드파워의 중요성을 입증하고 있다.

유튜브 채널 **'조성희의 마인드파워'**에서는 변화를 위해
어디서부터 시작해야 할지 모르는 사람들에게 실질적인 도움을 주고 있다.
저서로는 《더 플러스》, 《어둠의 딸, 태양 앞에 서다》,
《마인드파워로 영어먹어버리기》, 《어메이징 땡큐 다이어리》가 있고,
《뜨겁게 나를 응원한다》, 《뜨겁게 나를 사랑한다》를 시작으로
'마인드파워 스페셜리스트 조성희의 응원 시리즈'로 꾸준히 독자들과 만날 예정이다.

뜨겁게 나를 응원한다

하루
10분의 필사
100일 후의
기적

조성희 지음

생각지도

배움의 과정

인생은 학교다.
삶에서 일어나는 모든 일들 중에
교훈을 담고 있지 않은 일이란 없다.
내가 그것을 배운다면
새로운 나로 진화할 수 있다.

— 조성희

100일간의 금빛 여정을 다시 시작하며

먼저 2016년 《뜨겁게 나를 응원한다》(뜨나응)가 출간된 지 5년 만에 고급양장본으로 재탄생하게 되어 너무나 기쁘고 감사하다. 마인드스쿨로 4권의 너덜너덜해진 '뜨나응'을 들고 와 5권째 필사를 시작한다며 5권에 모두 사인을 받으러 멀리에서 비행기를 타고 오셨던 분, 내 책을 모두 빼곡히 필사했다며 그렁그렁 눈물을 보이시던 분, 변화를 경험한 후 주위에 책을 선물로 주며 나보다 더 이 책을 홍보해주신 분들, 그런 분들을 볼 때마다 가슴에서 뜨거운 무언가가 올라오며 내 눈시울도 붉어졌다.

마음근육 강화 100일 프로젝트! 매일 하루 10분, 100일간 꾸준히 필사한 이들은 마음에도 근육이 필요함을 절감하고 하루에 단 몇 분이라도 자신을 직접 마주하고 대면하는 그 시간이 삶을 얼마나 바꿀 수 있는지를 경험하며 놀라워했다. 마음근육을 다져나가면 생각이 바뀌고, 생각이 바뀌면 삶이 바뀔 수 있다는 내 뜻이 오롯이 전해져 감사한 마음뿐이다. 무엇보다 그 가치를 알아봐 주시는 눈 밝고 귀 밝은 많은 독자분들 덕분에 지난 5년간 '뜨나응'은 베스트셀러에서 스테디셀러로 자리매김할 수 있었다.

필사 책을 어떻게 활용해야 할지 잘 모르는 분들을 위해 하루 10분씩 유튜브 영상을 보여드리면 어떨까 하는 아이디어가 들어왔을 때 솔직히 멈칫했다. 영상 앞에서 얼어버리는 영상기피증도 극복해야 했지만, 잠을 포기하면서까지 행군하던 바쁜 일정 속에서 새로운 것에 도전하기엔 그 과정만 떠올려도 숨막히고 까마득했기 때문이다. 하지만 이미 마음속에 100일 영상의 아이디어가 들어온 이상, 무엇보다 몇 권씩 필사를 하며 100일 동안 꾸준히 마음근육을 쌓아가고 있는 독자분들을 생각하니 손 놓고 있을 수만은 없었다. 그래서 나 또한 '영상기피증을 깨고 나와 매일 조금씩 성장해보자' 하는 마음으로 첫 영상을 시작했다.

처음 영상을 찍던 그날의 기억은 지금도 생생히 떠오른다. "안녕하세요, 여러분의 마인드파워 스페셜리스트 조성희입니다!" 이 한 문장을 수십 번의 NG를 내면서 10번이고 20번이고 다시 찍으며 진땀을 흘렸다. 어찌저찌 영상은 겨우 찍었는데 이제는 편집이 남아 있었다. 일대일로 편집을 부지런히 배우긴 했지만, 기계치인 나에게 편집은 너무나 어려운 작업이었다. 첫 영상을 편집하는 데 꼬박 8시간 넘게 걸렸다. 편집 프로그램과 씨

름하면서 밤을 꼴딱 새고 'Day 1' 첫 영상을 성공적으로 올리던 날, 후련하고 기쁘기도 했지만 두려움도 훅 달려들었다. '과연 내가 100개의 영상을 해낼 수 있을까?'

하지만 우리 마파팸(마인드파워 패밀리)과 약속했으니 "나는 할 수 있다! 해낸다!"라고 외치며 하나씩 하나씩 영상을 진행해나갔다. 그 기간이 무려 1년 10개월이었다. 그야말로 벽 보고 수련하는 '면벽수련'이었다.

심지어 해외 강의 일정이 많아지면서 해외에 나갈 때도 '뜨나응' 책과 장비를 챙겨 비행기를 탔다. 유럽, 중국, 베트남, 미국 등지에서 언제나 카메라와 삼각대, 미니 조명을 들고 다니며 틈날 때마다 영상을 찍었다. 한국에서는 6시간이면 완성될 작업이 해외에서는 3배 이상의 시간이 걸렸다. 그래도 나는 꿋꿋이 영상을 이어나갔다.

미국 세도나에서도 종일 명상을 마치고 밤 12시가 넘어 숙소에 들어왔는데, 곧 쓰러질 것 같은 그 순간에도 나는 카메라 전원을 켰다. 그날의 에너지를 조금이라도 빨리, 조금이라도 더 많이 전하고 싶어서 영상을 찍었던 것이다. 그 순간 영상을 찍으면서 나는 내가 얼마나 우리 마파팸들을 사랑하고 이 일을 사랑하는지 다시 한 번 깨달았다. 이 뜨거운 사랑이 나의 영상기피증도, 기계치도, 수면 부족도, 편집으로 인한 어깨와 등 통증 시달림도, 최소 5시간 이상 걸리는 편집 시간과의 싸움도, 영상다운 문제로 머리에 스팀 나는 수많은 피하고 싶은 상황들도 뛰어넘게 했다.

혼자 끙끙내는 나를 보고 누군가는 전문 편집인에게 맡기라고 했다. 융

통성 없어 보인다는 말도 들었지만 나는 마파팸에게 했던 약속을 지키고 싶었다. “이 영상 100개만큼은 제가 제 손으로 해서 선물로 드리겠습니다!”라고 선언한 이상 끝까지 해내겠다는 마음이었다. 그리고 Day별로 내가 마파팸들에게 주고 싶었던 핵심 메시지를 명확하게 전해야 한다고 생각했다.

사실 영상의 퀄리티는 별로일 수 있다. 하지만 나의 온 정성을 담았기에 그 정성의 에너지가 발산되어 ‘100일 마음근육 강화 프로젝트’ 영상을 보고 필사를 하니 그 가치가 더더욱 빛을 발하는 것 같다고 이야기해주는 분들이 많다. 100일차 마지막 영상에는 ‘100일 마음근육 강화 프로젝트’를 통해 삶이 변화한 가슴 뜨거운 스토리들이 가득하다. 영상뿐 아니라 블로그, SNS 등 소중하고 귀한 그 스토리들 중 일부를 이번 개정판에 담게 되어 더 기쁜 마음이다. 가문의 영광으로 생각해주시고 스토리 게재를 허락해주신 귀한 마파팸 여러분께 감사와 축복을 전한다.

100개의 영상을 만드는 동안 내 마음근육, 영상근육도 탄탄해졌다. 셀프로 영상을 찍다 보니 카메라 마사지를 받아서 얼굴도 나날이 더 좋아졌다. 무엇보다 카메라 앞에만 서면 손발이 오그라드는 영상기피증이 사라졌다! 그 덕분에 클래스101 ‘마인드파워 시크릿’과 ‘더플러스 17가지 법칙’ 온라인 강의도 론칭할 수 있었다. 요즘은 영상 앞에서 전보다 훨씬 자연스러워진 내 모습에 놀랄 때가 많다. 기계치의 끝판왕이었던 내가 편집 실력도 일취월장해져 어디서든 뚝딱 해낼 수 있게 되었다.

'사랑'의 마음이 열정을 일으키고, 수많은 장애물을 넘게 했으며, 내가 몰랐던 나의 달란트까지 발견해준 놀라운 경험을 체험하면서 다시 한 번 마인드파워로 모든 것이 가능하다는 것을 증명해낸 셈이다.

책이 분해되고 2~3번 필사하며 너덜너덜해지다 못해 책이 쪼개져서 불편하다는 분들이 많았는데, 양장본으로 금길 에너지 담아 개정판으로 출간하게 되어 너무나도 기쁘다. 이제 내용을 씹어 먹을 정도로 오래도록 활용해도 '뜨나응' 책도 단단히 버틸 수 있을 것 같아 안도의 마음이 든다. 그리고 더플러스로 나의 뜨거운 응원과 사랑이 담긴 100개의 영상과 함께 이 책을 선물처럼 드릴 수 있어서 너무 기쁜 마음이다.

개정판을 통해 태양처럼 떠오르며 더 큰 금빛 기적들이 일어날 것임을 믿어 의심치 않는다. 이 책과 함께 새롭게 훨훨 날아오르시길 뜨겁게 기도한다.

금빛 태양 에너지 담아

조성희

오늘도,
나를 뜨겁게 응원한다

"어떻게 하면 제 인생을 바꿀 수 있을까요?"

"어떻게 하면 지금처럼 죽을 것 같은 상황에서 빠져나올 수 있을까요?"

수많은 사람들이 물어왔다. KBS 〈아침마당〉 방송 출연 후에는 더했다. 마인드스쿨로 전화문의가 빗발쳐서 며칠간 전화 불통에 업무를 이어가기도 힘들 정도였다. 지방이나 해외에서 직접 마인드스쿨로 찾아온 이들도 상당했다. 모두들 간절하게 자신의 인생을 바꾸고 싶어 했다. 한 어머니께서는 '우리 아이 인생 좀 바꿔달라'며 지방에서 아들을 마인드스쿨로 보내셨는데, 그 아드님의 나이가 45세. 엄마 마음이 오죽 답답했을까 싶기도 하면서 주위에 마음이 힘든 사람이 정말 많다는 걸 다시 한 번 절감했다.

나는 답을 내려주는 사람이 아님에도 전 세계적인 베스트셀러 《시크릿》에서 주인공으로 나왔던 마인드계의 구루, 밥 프록터의 한국 유일한 비즈니스 파트너라는 이유로 많은 사람들이 자신이 처한 문제들을 안고 와서 답을 알려주기를 바랐다. 알라딘 램프에서 지니가 나타나 해답을 주듯이 답을 얻고 마법처럼 모든 것이 변할 거라는 환상을 품고 오는 이들이 많았다. 그게 문제였다. 그들은 '시크릿'의 핵심 메시지를 제대로 이해하지 못한 것이다.

어떤 사람은 매우 양심적이고 착하며 정말 열심히 일하지만, 불행하고 가난하다. 반면 어떤 사람은 그리 노력하는 것 같지 않은데, 하는 일마다 잘되고 자신감과 확신을 내뿜으며 풍요로운 삶을 살아간다. 이 둘의 차이는 어디서 나오는 걸까?

그것은 '사는 대로 생각하는 사람'과 '생각하면서 사는 사람'의 차이다. 그리고 이것이 바로 시크릿의 핵심 메시지이자 지난 6000년간 모든 사상자와 철학자, 현자들이 동의했던 가장 심플한 메시지 '사람은 생각대로 된다'라는 진리다. 많은 사람들이 생각을 하고 있다고 생각하지만, 진정한 생각을 하며 사는 사람은 그리 많지 않다. 내가 내 마음을 지배하는 것이 아닌 현재의 상황들에 지배당하며 힘겨워하는 사람들이 훨씬 더 많은 것이다.

마인드스쿨을 13년차 운영하면서 나는 어떻게 생각하는지 몰랐던 수많은 사람들이 마인드 교육을 통해 생각하기 시작하면서 인생 전체가 놀랍게 변화하는 것을 보아왔다. 인생 반전을 이룬 수많은 사람들이 '자신의 삶은 결국 자신의 생각대로 된다'라는 것을 증명하고 있다.

진정으로 생각하는 사람들은 그럼에도 불구하고 좌절 속에서 다시 일어난다.

진정으로 생각하는 사람들은 매일 자신이 원하는 인생을 창조한다.

진정으로 생각하는 사람들은 매 순간 행복을 느낀다.

자신이 원하는 곳으로 도달하기 위해서는 현재 어디에 있는지 먼저 알아야 한다. 내 자신이 어디에 있는지를 깨닫고, 내 생각을 내가 원하는 방향으로 이끌고 가는 것이 인생을 변화시키는 출발점이다. 변화하고 싶다면 나를 만나는 시간을 갖고 내면의 힘에 대해 공부하며, 어떤 경우에도 나는 해낼 수 있다고 자신을 응원할 수 있어야 한다. 그러기 위해 매일 꾸준히 하는 필사만큼 좋은 건 없을 것이다.

이 책을 든 당신도 변화할 수 있다! 새롭게 다시 시작할 자신을 위해 진정으로 생각하는 시간을 갖고, 펜을 들고 이 책 속에 자신의 생각을 담자.

이 책 속의 내용들을 매일 하나씩 씹어 먹자. 하나하나 곱씹고, 따라 써보고, 되새기고, 다시 씹고 생각하자. 그렇게 되면 그 메시지는 당신의 세포 속 깊숙이 각인될 것이다. 세포 속에 서서히 스며들면 그 메시지는 당신의 잠재의식 속에 저장될 것이다.

하루 10분, 100일 동안만 해보자. 100일 동안 어떤 일을 꾸준히 하면 몸에 배어 습관화가 된다. 100일이라는 시간 동안 이 책을 필사하다 보면 마음 근육은 탄탄해지고, 이후 당신의 삶은 당신이 꿈꾸며 생각한 그대로 차츰 변화될 것이다.

단 한 번뿐인 내 인생! 그냥 이대로 내버려 두지 말자. 당신은 행복하기 위해 태어난 귀하디귀한 존재다. 단 하나의 놀라운 멋진 삶은 바로 내가 창조하는 것이다. 지금까지 내가 원하지 않는 결과들만이 가득한 삶이었다면, 바로 지금부터 변화시킬 수 있다. 이제부터 나의 삶에서 진정으로 원하는 것을 생각하고 선택하자. 하루 10분의 생각과 필사로 100일 후 달라질 나 자신을 뜨겁게 응원하자. 이 책을 통해 인생의 주인공으로 성장할 당신을 나 또한 뜨겁게 응원한다!

이 책의 출간에 아낌없는 도움을 주신 주위 분들에게 고마움을 전하며 그들의 삶을 나도 뜨겁게 응원한다. 책 출간에 많은 아이디어와 영감을 주며 전폭적인 도움을 주신 생각지도 출판사의 김은영 대표님, 선물하고 싶을 정도로 감성적이고 아름다운 사진으로 물들여주신 밤삼킨별 사진작가님, 책을 쓰는 동안 끊임없는 응원을 보내주신 마파팸 여러분께 진심으로 감사드린다.

그리고 지금의 나를 있게 해주신 사랑하는 부모님. 언제나 나에게 무조건적인 신뢰와 지지, 사랑을 보내주시는 우리 아버지와 어머니께 존경과 사랑을 보낸다.

차례

변화를 위한 1단계

나를 이해하는 시간
내 생각이 나를 만든다

변화를 위한
2단계

나를 꿈꾸는 시간
명확한 목표를 선택한다

변화를 위한
3단계

나를 응원하는 시간
고난은 나를 더 단단하게 만든다

변화를 위한

4단계

나를 확신하는 시간

내가 믿는 대로 된다

변화를 위한 5단계

나를 사랑하는 시간
계속 가라 Keep Going

나를 이해하는 시간

내 생각이 나를 만든다

Day
1

사람은
생각하는 대로
된다.

We become
what we think about.

Day
2

당신에게 '성공'이란 무엇입니까?

Day
3

보이지 않는 힘

현재 우리의 모습은
과거에 우리가 했던 생각의 결과다.
이 힘이 무엇인지는 나도 모른다.
나는 단지
그 힘이 있다는 사실만 알 뿐이다.

— 알렉산더 그레이엄 벨

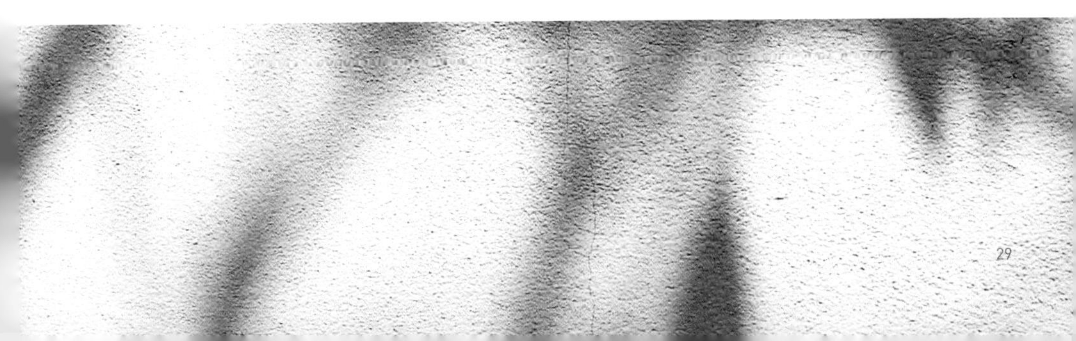

Day 4

당신은 집 안에 열쇠를 두고 집 밖에서 찾고 있지 않은가

보이는 것보다
보이지 않는 것의 힘이 훨씬 더 강력하다.
보이지 않는 땅속 사과 씨앗이
보이는 땅 위의 사과 열매를 창조한다.
지금 내가 돈이 없다는 것은 보이는 결과다.
그 원인이 되는 뿌리는 무엇일까?
외적인 것을 바꾸는 방법은 오직 하나,
내부에서 돌아가는 내적인 세계를 바꿔야 한다.
당신의 삶이 겉보기에 잘 돌아가지 않는다면
내면에서 무엇인가 잘못 돌아가고 있기 때문이다.
그 원인은 바로 '생각'이다.

Day
5

당신은 지금
생각하고 있다고 생각하는가

이 세상 사람의 단 1%만 진정으로 생각을 한다.
3%는 자신이 생각한다고 생각한다.
그리고 나머지 96%는 생각하느니 차라리 죽겠다고 한다.

잘 생각해보라.
내가 생각하는 것들이
내가 주체적으로 원하는 삶에 중점을 맞춘 창조적인 생각인지,
아니면 과거의 기억과 주위 사람들에 의해서 형성된
믿음 체계에 기반을 둔
다수의 사람을 따라가는 천편일률적인 생각인지.

나는 매일 어떤 생각을 하며 보내고 있는가?
What do you think about most of the time?

나는 매일 어떤 생각을 하며 보내고 있는가?

What do you think about most of the time?

Day
6

마음먹기

마음은 강력한 자석과도 같아서
마음먹기에 따라 무엇이든지 끌어올 수 있다.
무엇을 바라느냐에 따라 원하는 것을 이룰 수 있고,
그에 따라 인생을 성공으로 이끌 수도 있다.
기대하는 것에 따라 인생은 축복도 되고, 저주도 될 수 있다.
당신은 당신 자신이 알고 있는 것보다
더 큰 힘과 더 많은 가능성을 가지고 있다.

— 존 캐너리

마음가짐!
하루하루 내 생활방식을 보면 보인다.
나는 오늘 하루를 어떤 생각을 하면서 보내는지,
어떤 것을 기대하는지,
나의 감정은 어떤지,
나의 행동은 어떤지….
좋은 마음가짐은 좋은 결과를 끌어당길 것이다.

마음먹기

Day
7

당신은 자신에게
어떤 말을 하고 있는가

아프리카의 성자, 슈바이처 박사가 원주민들의 금기에 관하여 놀랄 만한 사실을 말한 적이 있다. 원주민들 사이에는 아이들이 태어날 때 그 아버지가 술을 마시고 취한 상태에서 아무 말이나 나오는 대로 새로 태어나는 아이의 금기를 말한다고 한다.

예를 들어 "왼쪽 어깨"라고 말하면 그 아이의 왼쪽 어깨가 금기가 되어 그 부위를 맞으면 죽는다고 믿게 된다. "바나나" 하고 말하면 그 아이는 커서도 바나나를 먹으면 죽는다고 믿는다 한다. 그리고 실제로 슈바이처 박사는 그 금기로 죽은 예를 수없이 많이 봤다고 한다. 이처럼 '암시의 힘'은 놀라운 능력을 가지고 있다.

자기암시는 잠재의식에 영향을 주는 가장 강력한 도구다.
나쁜 암시는 즉시 거부하고
밝고 건설적인 암시만을 받아들여라.

'나의 병은 낫지 않을 것이다.'
'나는 행복해질 수 없다.'
'내 사업은 실패할지도 모른다.'
'나쁜 일이 일어날 것 같다.'
이런 부정적인 암시가 일어날 때는
즉석에서 단호하게 그 암시를 거부하는 습관을 길러야 한다.
그러면 나쁜 암시는 작용할 수가 없다.

그런 다음 곧바로 좋은 암시로 바꿔라.
'나는 아주 건강하고 강하다'
'나는 언제나 조화롭고 행복하다'
'내 사업은 매일 번창하고 있다. 내가 하는 일은 반드시 잘된다'
'오늘은 나에게 큰 행운이 생길 것 같다'
라고 자기 자신에게 말해주는 것이다.

당신의 잠재의식에 나쁜 암시를 모조리 거절하고
건설적인 자기암시만을 중심으로 채울 수 있다는 것을 알고 있으면
당신은 파괴적인 생각들을 다 부숴버릴 수 있게 된다.

자기암시는 잠재의식에 영향을 주는

가장 강력한 도구다

Day
8

부자들은 알고 있다

"세계 제1의 갑부가 된 비결은 무엇입니까?"

"저는 날마다 스스로에게
두 가지 최면을 겁니다.
하나는
'오늘은 왠지 큰 행운이
나에게 있을 것 같다.'
그리고 또 하나는
'나는 뭐든지 할 수 있어'
라고 상상합니다."

— 빌 게이츠

Day
9

당신이 반드시 알아야 할 진리

행복과 성공을 원하는가?
그렇다면 자신의 내면을 명확하고 밝게 그릴 줄 알아야 한다.
자신이 원하는 행복한 모습을 생생하게 떠올릴 수 있어야 한다.
"좋은 생각을 품고 있는 사람은 좋은 일을 끌어당기고,
걱정과 의심, 두려움과 질투 등 나쁜 생각을 품고 있는 사람은
나쁜 일을 끌어당긴다"라는 간단한 진리다.
끌어당김의 법칙은 언제나 작동하고 있다.
당신이 그것을 믿든 안 믿든,
이해하든 이해하지 않든 간에.

The law of attraction is always working,
whether you believe it or understand it or not.

Day
10

가장 낯선 비밀

우리의 인생은
우리가 생각하는 대로 이루어진다.
지금 우리가 서 있는 위치는
모두가 우리의 생각에서 비롯된 것이다.
물론 이러한 사실을
받아들이기 어려워하는 사람들도 있겠지만,
당신이 바로 지금 이곳에 있기를 원했기 때문에
현재의 당신이 존재한다는 것만큼
분명한 사실은 없다.

그러므로 오늘보다 내일,
지금보다 풍요로운 인생을 살고 싶다면,
당신이 지금까지 갖고 있었던 생각부터 바꾸어야 한다.
현재 어떤 생각을 하느냐에 따라
당신의 창창한 미래가 달려 있기 때문이다.

이것이 바로 '가장 낯선 비밀'이다.

— 얼 나이팅게일

Day
11

가난하게 죽을 것인가

지금 가난하지만 마음속에서
'나는 행복한 부자가 되겠어!'라고 선택한다면
부자가 될 것이요,
변명 속에서 한탄하며 살아간다면
이전과 같이 가난해질 것이다.

'돈이 없다'라고 생각하기에
'돈이 없다'라는 사실을 끌어당기고,
'돈에 대한 두려움이나 불안감' 때문에
그 두렵고 불안한 현실을 끌어당긴다.

Day
12

생각을 조심하라

생각을 조심하라.
그것이 너의 말이 된다.
말을 조심하라.
그것이 너의 행동이 된다.
행동을 조심하라.
그것이 너의 습관이 된다.
습관을 조심하라.
그것이 너의 인격이 된다.
인격을 조심하라.
그것이 너의 운명이 되리라.

— 마거릿 대처

Day
13

하늘이 주신 기회

인생은 우리에게
'네 마음껏 조각해봐라' 하고
하늘이 주신 기회다.
이 인생을 그냥 주어졌으니까 그대로 방치하다가
여기 치이고 저리 치이게 둘 수도 있고,
아니면 어느 정도까지 조각을 시도하다가 그만두고
적당하게 미완성으로 남겨둘 수도 있고,
아니면 남들은 생각지도 못했던 조각품을 만들어
반짝반짝 빛나도록 닦아서
수많은 사람들이
그 작품만 보고도 감동하고 영감을 받을 수 있도록
변화를 일으키며 살아갈 수도 있다.
바로 내가 원하는 대로
내 마음대로 조각할 수 있는 특권을 가진 것이다.

자, 당신은 이 기회를 어떻게 할 텐가?

인생은 우리에게
'네 마음껏 조각해봐라' 하고
하늘이 주신 기회다

Day
14

당신이 지금 어떤 상황 속에 있는지는 중요치 않다

우리는 불행하기 위해 이 땅에 온 것이 아니다.
우리는 하루하루 힘들게 살기 위해 이 땅에 온 것이 아니다.
우리는 충만하게 행복할 권리가 있으며,
행복해지기 위해서 귀하게 태어난 존재다.

당신이 아주 훌륭한 교육을 받았건 그렇지 못했건,
받쳐줄 부모가 있건 없건,
지금 당장 돈이 있건 없건,
말주변이 좋든 나쁘든,
예쁘든 못생겼든 간에,
우리는 단 하나의 놀라운 삶을 만들어갈 수 있다.

그 삶은 우리가 그렇게 선택을 하는 순간부터 가능해진다.
그 선택을 하고 결단한 순간부터
당신의 행동이 바뀌고, 모든 상황들이 바뀌기 시작한다.

사람은 자신이 마음먹은 대로 될 수 있다.
바로 지금, 당신은 그 선택을 할 수 있다.

Day
15

원하는 상태와 사랑에 빠져라

우리는 원하는 상태와 사랑에 빠짐으로써
그 상태 속에 우리 자신을 내려놓아야만 한다.
그렇게 하면 현재의 상태는 물러가고
원하는 상태 안에서 살게 된다.
그 상태 안에서 상상력이 살아 있다면
그 상태의 생명은 세상 속으로 모습을 드러낼 것이다.

Day
16

애를 써도 맴도는 이유

사람들은 그들의 환경을 개선하려고 애를 쓴다.
하지만 그 자신을 개선하는 데는 소극적이다.
그래서 늘 갇혀 있게 된다.

— 제임스 알렌

Men are anxious to
improve their circumstances,
but are unwilling to
improve themselves;
they therefore remain bound.

— James Allen

Day
17

가장 좋은 변명이
가장 나쁘다

부잣집에 태어났더라면…
좀 더 말주변이 좋았더라면…
좀 더 젊었더라면…
상황이 이렇게 나쁘지만 않았더라면…
운이 따라주었더라면…
자신감이 있었더라면…
다시 한 번 기회가 주어졌더라면…
좀 더 타이밍이 맞았더라면…
좋은 인맥이 있었더라면…

변명보다 더 나쁜 유일한 것은
'좋은' 변명이다.

Day
18

엑스트라의 삶을 살 것인가
주인공의 삶을 살 것인가

용기를 내어 생각하는 대로 살지 않으면
머지않아 사는 대로 생각하게 된다.
사는 대로 생각하는 엑스트라의 삶을 살겠는가?
아니면 내가 생각하는 대로의 주체적인 주인공의 삶을 살겠는가?
모든 것은 선.택.이다.

인생은 단 한 번뿐이다.
단 하나의 놀랍고 멋진 삶은 바로 내가 창조하는 것이다.
지금까지 내가 원하지 않는 결과들만 가득한 삶이었다면
바로 지금부터 변화시킬 수 있다.
이제부터 내 삶에서 진정으로 원하는 것을 생각하고 선택하자.

나는 내 운명의 지배자, 내 영혼의 선장이다.
I am the master of my fate, I am the captain of my soul.

나는 내 운명의 지배자, 내 영혼의 선장이다.

I am the master of my fate, I am the captain of my soul.

용기를 내어

당신이 생각하는 대로 살지 않으면

머지않아

당신이 사는 대로 생각하게 된다.

— 폴 발레리

Live up to the way you think,

or you'll end up thinking the way you live.

Day
19

자신에게 말한 대로 되리라

오늘 나의 새로운 삶이 시작됩니다.
나는 오늘을 시작합니다.
모든 좋은 일들이 나에게 펼쳐집니다.
나는 살아 있음에 감사합니다.
나는 나를 둘러싼 모든 것들의 아름다움을 보고 느낍니다.
나는 열정과 목표를 갖고 살아갑니다.
나는 매일매일 웃고 즐깁니다.
나는 깨어 있고, 에너지가 충만하며, 생기 넘칩니다.
나는 인생에서 모든 좋은 것에 집중합니다.
그리고 그것에 감사합니다.
나는 평화롭습니다. 그리고 모든 것과 하나입니다.
나는 사랑, 기쁨, 풍요를 느낍니다.
나는 나로부터 자유롭습니다.
내가 원하는 대로 나 자신의 삶이 나타납니다.
나는 인간의 모습을 한 위대한 존재입니다.
나는 완전한 존재입니다.
나는 감사합니다.
나인 것에….
오늘은 내 삶에 있어서 최고의 날입니다.

—〈The secret to you〉 동영상 중에서

매일 아침 자기 자신에게 **긍정적 단언**을 하라.
충만한 하루가 당신 앞에 펼쳐질 것이다.

◆ 긍정적 단언(Positive Affirmation)이란 잠재의식을 자극하는 강력한 도구 중 하나로,
나 자신에게 힘을 주는 어메이징 행복 선언문이다.

Day
20

행운이 쏟아지는 행복을 발산하라!

좌절과 실패가 아닌 진정으로 원하는 목표를 향해 생각을 '발산'하면, 그에 걸맞은 현실을 '흡수'하게 되어 있다. 내 생각부터 먼저다. 내가 얼마나 강하게 결심하느냐가 곧 강한 발산이고, 그에 맞는 흡수가 이뤄질 것이다.

하루에 매일 다른 사람들에게 행복한 '발산'을 실천해보자. 방법은 간단하다. 가벼운 10원짜리 동전 5개를 오른쪽 주머니에 넣는다. 하루에 행복한 '발산'을 할 때마다 동전 한 개를 왼쪽 주머니로 옮긴다.
행복한 '발산'은 거창한 게 아니다. 다른 사람에게 해주는 칭찬 한마디일 수도 있고, 길에서 만난 힘든 사람을 돕는 선행일 수도 있다. 무형적이든 유형적이든 어떤 것이든지 타인에게 행복한 발산을 하라. 그때마다 동전을 오른쪽에서 왼쪽 주머니로 옮기면 된다.
하루가 끝날 때쯤 오른쪽 주머니에 동전이 하나 남았다고 하자. 그러면 잠자기 전에 부모님이나 친구에게 '사랑한다'라고 메시지를 보내서라도 하루에 행복 발산 5가지 이상을 실천해보자. 꾸준히 하다 보면 당신의 삶은 놀랍게도 행복한 '흡수'들로 가득 채워질 것이다.

주어야 받는다.
법칙 중의 법칙이다.

오늘부터 당신은

어떤 행복한 '발산'을 하겠는가?

좀 더 자주 미소 짓고,

좀 더 소리 내어 웃으세요.

그 에너지가 나쁜 것들을

떨어져 나가게 할 것입니다.

변화를 위한
2단계

나를 꿈꾸는 시간

명확한 목표를 선택한다

Day
21

단 한 번의 후회 없는 내 인생

앞으로 20년 뒤
당신은 한 일보다
하지 않은 일을 후회하게 될 것이다.
그러니 배를 묶은 밧줄을 풀어라.
안전한 부두를 떠나 항해하라.
당신의 돛에 무역풍을 가득 담아라.
탐험하라! 꿈꾸라! 발견하라!

— 마크 트웨인

단 한 번뿐인 내 인생.
후회 없는 감동적인 인생을 살자.
'나'다운 행복한 인생을 향해
닻을 올려 출발하자.

단 한 번뿐인 내 인생.

후회 없는 감동적인 인생을 살자.

Day
22

깨어 있기에 알아본다

당신이 진정 바라는 것을 명확하게 소망할수록
그것을 마음에 품고 있을수록
목표를 달성하는 데 필요한
모든 정보, 기회, 사람들이 내 눈앞에 나타난다.

예전이라면 보이지 않았던 것들이
내 눈에 확대경이 비춰주는 것처럼 보이기 시작한다.
예전이라면 스쳐 지나갔던 기회들을 알아보게 된다.
우리는 '눈'으로 보는 것이 아니라
'마음'으로 보기 때문이다.

지금 당신의 마음은 무엇에 집중하고 있는가?

Day
23

가장 중요한 질문

나에게 '성공'이란 무엇인가?
나는 진정 어떤 사람이 되기를 원하는가?
나의 가장 큰 삶의 가치는 무엇인가?
나는 왜 이것을 하고 싶은가?

나 자신에게 질문해보라.
이 근본적인 것이 명료하지 않으면
가다가 이렇게 해도,
저렇게 해도 되지 않으면 포기한다.
마음에 이 질문들을 품고
끊임없이 나아간다면
꼭 만나게 될 것이다.

나에게 '성공'이란 무엇인가?
나는 진정 어떤 사람이 되기를 원하는가?
나의 가장 큰 삶의 가치는 무엇인가?
나는 왜 이것을 하고 싶은가?

어제와 똑같이 살면서
다른 미래를 기대하는 것은
정신병 초기 증세다.

— 아인슈타인

Day 24

두근거리는 매일을 만나고 싶은가

"제가 원하는 게 뭔지 잘 모르겠습니다."
"목표는 어떻게 설정하나요?"
"목표를 어떻게 성취해야 하죠?"
"내가 원하는 것을 어떻게 결정하나요?"

단 하나의 멋진 인생으로 가는
첫 번째 단계는 확고한 목표를 갖는 것이다.
명확한 목표 없이 성공한 사람은 아무도 없다.
내가 할 수 있다고 생각하는 목표가 아닌,
내가 진정 원하는 목표와 만났을 때
우리는 성장하기 시작하고 가슴 뛰는 하루의 연속을 느낄 수 있다.

당신은 진정 무엇을 원하는가?

Day
25

다른 사람이 아닌,
나만이 사랑하는 무엇

가장 중요한 것은
자신이 사랑하는 일에 뛰어들어야 한다는 것이다.
그래야 더 빨리 배울 수 있기 때문이다.

— 도널드 트럼프

다른 사람에게 묻지 마라!
나 자신에게 질문하라!
목표를 정하는 것은
당신의 인생에서 가장 중요한 결정이 될 것이다.
내가 정말 사랑하는 일,
내 가슴에서 진정으로 원하는 것을 찾으라.

오직 나만의 길을 가라

겨울에 내리는 똑같아 보이는 하얀 눈도
현미경으로 보면
모두 다른 결정체를 갖고 있다.
나와 비슷한 성격, 외모를 가졌다 해도
모든 사람은 다 특별하고 유일하다.
이 세상에 똑같은 것은 없으며,
이는 곧 모든 사람에게
충분한 기회가 있음을 의미한다.

나와 같은 스토리로,
나와 같은 진정성으로,
나와 같은 비전을 가진 사람은
이 세상에 아무도 없다.
그러니 단 하나의 My Way를
가장 나답게 만들어가라.

Day
27

당신이 원하는 목표를 향해 쏴라

내가 진정으로 원하는 목표를 찾았다면 그 목표를 종이에 쓰고,
그것을 향해 내가 지금 할 수 있는 것들을 하겠다고 당장 결심하라.
그 결심대로 행동에 옮겼을 때 수많은 기회가 내 앞에 펼쳐질 것이다.

내 마음속에서부터 확실하게 자신을 내주고 기꺼이 나아갈 때,
하늘도 감동해서 움직인다는 것을 잊지 말자.
예상하지 못했던 도움, 만남, 물질적인 원조 등
내가 원하는 것을 이루기 위한 모든 것들이 나에게 다가온다.

'행동'부터가 아니다.
내 생각과 결심이 먼저다.
진정으로 원하는 목표를 향해 생각을 '발산'하면
그에 걸맞은 현실을 '흡수'하게 된다.
마음속 결단이 강할수록 강한 에너지를 '발산'할 것이다.

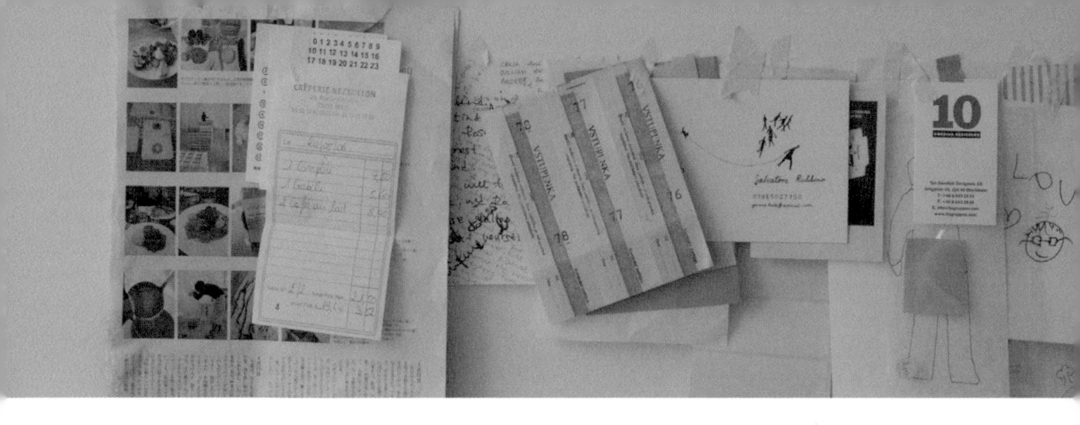
0 1 2 3 4 5 6 7 8 9
10 11 12 13 14 15 16
17 18 19 20 21 22 23
VSTUPENKA
VSTUPENKA
VSTUPENKA
10

Day
28

목표는 충분히 높아서
그것이 나를 설레게 하기도 하고,
동시에 두렵게 하기도 해야 한다.

— 밥 프록터

When you set a goal,
it should scare and excite you
at the same time.

Day
29

너무 낮은 목표,
목표라고 할 수 있을까

우리들 대부분에게 더 큰 위험은,
목표가 너무 높아서 달성하지 못한다는 사실이 아니라
너무 낮아서 그 목표를 성취한다는 사실이다.

— 미켈란젤로

큰 목표든 작은 목표든 안전지대를 벗어나는 것은 같다.
그 지대를 벗어나면 누구나 두렵고 불편하다.
어차피 불편할 거라면 작은 목표보다는 큰 목표를 세워라.
소름이 돋을 만큼….
생각만 해도 심장을 뛰게 하는 당신만의 목표를!

Day
30

가슴에 품으면 현실이 된다

목표와 함께 잠들고,
목표와 함께 일어나고,
목표와 함께 먹고 마시며,
목표와 함께 생활하고,
목표와 함께 생각하다 보면,
그것은 자연스럽게 잠재의식에 스며들고,
어느 날 현실이 된다.

뛰어나고 훌륭하게 시작할 필요는 없다.
그러나 훌륭하기 위해서는 시작해야 한다.

— 지그 지글러

You don't have to be great to start,
but you have to start to be great.

Day
31

하늘도 움직이는 힘

헌신하기 전에는 망설임이 있다.
물러설 기회가 있는 것이다.
어떤 일을 시작하거나 개척하려 할 때
가장 기본이 되는 진리가 하나 있다.
모르면 수많은 아이디어와 기막히게 좋은 계획도 소용없다.
그보다 더 큰 진리는
확실하게 자신을 내주고 헌신할 때
하늘도 움직인다는 것이다.

확실하게 자신을 내줄 수밖에 없도록 하는 것은 바로 '간절함'이다.
헌신하겠다는 굳은 각오에서부터 모든 사건의 흐름이 시작된다.
예상하지 못한 일, 만남, 물질적인 원조 등
모든 것이 나에게 다가온다.
누구도 꿈꾸지 못한 일들이 나의 앞길에 찾아온다.

— 히말라야 탐험가

Day
32

별도 떨어지게 만들 수 있는 힘

내 생각에는 강력한 힘이 있다.
별이 하늘에서 떨어진 이유에 대해
한마디로 말하면, 내가 원해서다.

— 괴테

평민에서 자신만의 힘으로 삼십대 초반에 귀족의 지위에 올랐고,
귀족의 존경을 받는 대문호로 성장한 괴테.
하늘의 별도 떨어지게 만들 수 있다는 강력한 꿈을 가졌기에 가능했다.

당신도 분명 할 수 있다.
이제 더 이상 자신의 인생이 그냥 흘러가게 두지 마라.
이제 더 이상 다른 사람이 당신의 꿈을 좌지우지하도록 하지 마라.
당신만이 당신 안에 잠자고 있는 거인의 힘을 깨울 수 있다.

☆☆☆

Day
33

당신은
온 마음을 담아
행동해보았는가

다른 사람과 나의 다른 점은
'나는 러닝머신 위에서 죽는 것이 절대 두렵지 않다'라는 것이다.
나는 절대로 포기하지 않고 끝까지 달릴 것이라는 점이다.

당신이 나보다 훨씬 능력 있을지라도,
당신이 나보다 훨씬 똑똑할지라도,
당신이 나보다 훨씬 섹시할지라도,
당신이 아홉 가지 다른 모든 면에서 나보다 나을지라도,
우리가 같이 러닝머신 위에 오른다면 단지 두 가지뿐이다.

당신이 먼저 지쳐서 포기하든가,
아니면 내가 그 위에서 죽는 것이다.
정말 아주 간단하다.

— 윌 스미스(영화배우)

당신은 온 마음을 담아 행동해보았는가

Day
34

당신만의 숭고한 꿈을 품어라

숭고한 꿈을 꾸어라.
그러면 자신이 꿈꾸는 대로 이루어진다.
비전은 언젠가 이루어질
당신의 모습에 대한 약속이며,
이상은 당신이 드러낼 참 모습에 대한 예언이다.

위대한 성취도
처음에는 그저 꿈에 지나지 않았다.
참나무는 도토리 안에 잠들어 있고,
새는 알 속에서 부화하기를 기다리듯이
영혼의 숭고한 비전에는
천사가 몸을 뒤척이고 있다.
꿈은 장차 현실이 될 어린 나무와 같다.

당신이 처한 상황이 마땅치 않더라도
이상을 간직하고 거기에 도달하려고 애쓴다면,
그 상황은 오래 지속되지 않을 것이다.
마음이 움직이는데
몸이 제자리에서 가만히 있을 수는 없기 때문이다.

— 제임스 알렌

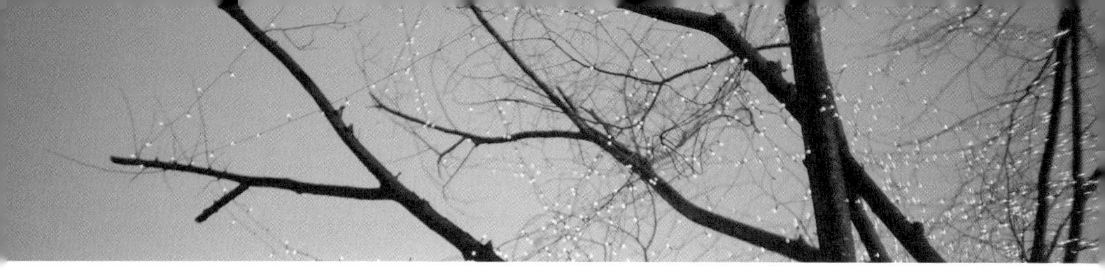

Day
35

1% 성공자의 비밀

"미래로부터 역산해 현재의 행동을 결정하라."

99%의 사람은 현재를 보면서
미래가 어떻게 될지를 예측하고,
1%의 사람은 미래를 내다보면서
지금 현재 어떻게 행동해야 될지를 생각한다.
물론 후자의 1% 인간만이 성공한다.
그리고 대부분의 사람들은
그 1%의 인간을 이해하기 어렵다고 말한다.

— 간다 마사노리(일본 경영 컨설턴트)

'이렇게 되고 싶다'가 아니라
'그렇게 되었다'고 생각하고,
미래의 자신이
현재의 자신을 끌어주도록 하라

Day 36

나는 더 이상 찌질이가 아니다

당신은 자신을 어떤 사람으로 보고 있는가?
지금 돈 한 푼 없는 처절한 현실이 보인다고
부모를 원망하고 한탄하며 자신을 찌질이로 볼 것인가?
아니면 그럼에도 불구하고,
아무도 그렇게 봐주지 않음에도 불구하고,
내 자신을 이미 내가 되고자 하는 사람으로 바라볼 것인가?

당신의 선택에 따라
당신이 그리는 그림도 달라질 것이다.
당신은 서서히 변화하기 시작할 것이다.
왜냐하면 내가 되고자 하는 사람처럼
생각하기 시작할 것이고,
느끼기 시작할 것이고,
그에 따라 행동하기 시작할 것이기 때문이다.

Day
37

돈은 정확히 부르면 온다

"그냥 밥 먹고 살면 되지."
이런 생각을 갖고 산다면 돈을 버는 능력도 제한받을 수밖에 없다.
이런 태도는 가난하게 살기로 작정한 것이나 다름없다.

돈은 부의 사고 습관을 사랑하며,
그것에 풍부하게 보답한다.

— 캐서린 폰더, 《부의 법칙》 중에서

돈은 말할 수 없으나 들을 수 있다.
당신이 그것을 부르면, 그것은 올 것이다.

돈은 말할 수 없으나

들을 수 있다.

당신이 그것을 부르면,

그것은 올 것이다.

Day
38

원하는 무엇이든 이뤄주는 마법의 법칙

1. 목표가 지금 이루어진 것처럼 현재형으로 바꿔 말하라.

2. 목표를 완성할 날짜를 정하라.

3. 지금 당장 시작할 수 있는 3가지 실천법을 정하라.

4. 1, 2, 3번의 내용을 써라.

5. 하루에 두 번 큰 소리로 읽어라.
일어나자마자.
그리고 잠자기 직전.

Day
39

가위와 바구니부터 챙겨라

가만히 앉아서 바라기만 하고 상상만 한다면
그 어떤 일도 일어나지 않는다.
그에 뒷받침되는 행동이 있어야 한다.

시크릿을 본 수백만 명의 사람들은
최소한 끌어당김의 법칙에는 익숙해져 있다.
하지만 너무도 많은 사람들이
놓치고 파악하지 못하는 사실이 있다.

“행동하지 않으면
끌어당김의 법칙은 효과적으로 작동하지 않는다.”

지금 당장 엉덩이를 털고 일어나서
내가 할 수 있는 무언가를 하지 않으면
내 삶에 놀랄 만한 일이 일어나리라곤 기대하지 않는 게 좋다.

사과를 얻고 싶다면 우선 가위와 바구니부터 챙겨야 한다.

Day
40

끝에서부터 생각하라

"Think of the end before you begin."
시작하기 전에 끝을 생각하라!

끝 그림을 명확하게 그리고 출발하는 사람은 별로 많지 않다.
끝 그림을 마음속에 품는 것은 마치 영화의 엔딩 장면을 알고 처음부터 다시 보는 것과 같다. 감동을 주는 주인공의 삶은 늘 외롭고 힘들다. 마치 세상의 온갖 고난과 아픔이 그에게만 집중적으로 퍼붓는 듯하다. 하지만 영화가 해피엔딩으로 마무리될 것을 안다면, 그 고통의 과정을 좀 더 덤덤하게 바라볼 수 있다. 반면 엔딩 장면을 모른 채 영화를 본다면 그 고통 하나하나에 반응하고 안타까워하며 눈물을 흘리게 된다.
바로 그것이다. 끝 그림을 마음에 품고 시작해보라. 그러면 힘들고 고통스러워도 그 과정 자체를 당연히 배워야 할 교훈으로 받아들일 수 있게 된다.

마음에 품으면 반드시 이루어진다.
이는 보이는 씨앗을 비옥한 토양에 심으면 반드시 흙 밖으로 나와 열매를 맺는 것과 같다. 자연의 법칙과 조화되어 살고 있는 우리가 잠재의식이라는 비옥한 토양에 보이지 않는 씨앗을 심고 기다리다 보면 반드시 현실에서 만나게 된다. 마음의 힘을 단단히 쌓으면 그 과정마저 즐길 수 있게 된다.

마음의 힘은 모든 것을 가능하게 만든다. 불가능을 가능으로, 가난한 부랑자를 세계 최고의 부자로, 걸을 수 없다고 판정받은 사람을 다시 걷게 만들고, 암 말기 환자를 기적적으로 살아나게 만들고, 말더듬이를 명연설가로 만든다. 이 세상에 마음의 힘이 미치지 않는 곳은 없다.

자, 당신의 끝 그림은 무엇인가?

무엇이 당신을 행복하게 만드는가?

당신에게 가장 큰 가치는 무엇인가?

자신에게 가장 큰 가치와 맞는
명확한 목표를 찾는다면
당신의 삶은 모든 면에서
성장하기 시작할 것이다.

변화를 위한
3단계

나를 응원하는 시간

고난은 나를 더
단단하게 만든다

Day
41

실패란 없으며,
오직 교훈이 있을 뿐이다

실패란 없으며, 오직 교훈이 있을 뿐이다.
성장은 고난과 실수에서 찾아온다.
실험과 시도가 곧 성장을 가져다준다.
실패한 시도는 성공한 시도와 마찬가지로
똑같이 성장이라는 열매를 가져다준다.

교훈은 당신이 그것을 얻을 때까지 계속 반복된다.
당신이 교훈을 얻을 때까지
그것은 다양한 형태로 당신에게 찾아온다.
당신이 그것을 배우면
당신은 그다음의 교훈으로 나아갈 수 있다.

—잭 캔필드, 마크 빅터 한센, 《영혼을 위한 닭고기 수프 1》 중에서

잠이 부족해
괜찮아 잘될거야

크게 실패할 용기 있는 자만이
크게 이룰 수 있다.

— 존 F. 케네디

Only those who dare
to fail greatly can ever
achieve greatly.

Day
42

위기는 신의 선물이다

신이 나에게 선물을 보내기 원할 때
신은 그 선물을 '문제'로 포장한다.
신이 나에게 아주 큰 선물을 보내기를 원할 때
그 안에 가치 있는 큰 교훈을 큰 문제로 포장해서 보낸다.
그것은 감정적, 금전적, 신체적 고통 없이는
배우지 못하는 교훈들이다.
위기가 찾아왔다면
더 큰 사람이 되기 위한 과정이라고 생각하라.
그리고 그때마다 이 말을 기억하라.
그 뒤에는 분명 신이
나를 위해 마련한 선물이 준비되어 있다!

선물

Day
43

당신이 실패한 이유

당신이 끌어당김의 법칙을 사용하다가 실패하면
"에이, 뭐야 엉터리잖아"라고 하는 경우가 있다.

당신이 실패한 이유는
당신이 실패할 수도 있다는 생각을 했기 때문이다.
당신이 했던 말이지만
실패는 당신이 원해서 끌어당기는 것이다.

Day
44

보이지 않는 천사의 손

지금 돌이켜보면
실패로 보였던 것들은 가던 길을 멈추고
보다 나은 쪽으로 접어들도록 이끌어주었던
보이지 않는 천사의 손이었다.

시련을 통해
나는 조금 더 현명해지고, 조금 더 행복해지고,
조금 더 사랑을 나눌 수 있는 단단한 내가 되어갔다.
그리고 그런 나를 더더욱 사랑할 수 있게 되었다.

나폴레온 힐은 시련을 이렇게 표현했다.
"운명이 우리의 어깨에 위대한 책임을 지우기 전에
여러 가지 방법으로 우리의 됨됨이를 시험하는 것."
이 시련도 곧 지나갈 것이다.
그러니 꿈을 향해 나아가면서
시련을 두려워하거나 회피하려고 하지 말지어다.

시련이란 운명이 우리의 어깨에 위대한 책임을 지우기 전에

여러 가지 방법으로 우리의 됨됨이를 시험하는 것이다

졌을 때 당신은

패배한 것이 아니다.

당신이 스스로 그만둘 때

당신은 패배한 것이다.

— 파울로 코엘료

You are not defeated when you lose.

You are defeated when you quit.

Day
45

걱정 말고 부탁하라

당신이 누군가에게 뭔가를 구할 때는
'어승어거그어누기'를 기억하라.

'**어**떤 사람은 **승**낙할 것이고,
어떤 사람은 **거**절할 것이다.
그래서 **어**떻다는 거냐.
누군가가 **기**다리고 있다'
라는 의미다.

목표를 향해 가는 여정 내내
수많은 거절이 있으리란 생각에 익숙해져라.
한번에 OK는 사실상 그리 재미없다.
성공의 비결은 포기하지 않는 것이다.
누군가가 거절하면 "다음!"을 외쳐라!
그런 다음 계속해서 구하라.

어승어거 그어누기

Day
46

필생즉사 필사즉생

必生卽死 必死卽生
“살고자 하면 죽을 것이고
죽고자 하면 살 것이다.”
— 이순신

마음의 법칙이다.
자신이 살고자 요리저리 꾀를 내어서
옵션을 만들어두는 사람은
에너지가 분산될 수밖에 없다.
그런 분산된 에너지로는
원하는 것을 이루지 못하는 것이 당연한 이치다.
죽을 각오로 진심을 다해
어떤 일에 뛰어들어 본 적 있는가?
그런 경험이 있다면
그때 당신은 그 일을 이뤄냈을 것이다.
그때의 그 경험, 그 느낌을 다시 떠올려보라.
당신은 무엇이든 할 수 있다!

Day
47

두려움에 묶인 목소리에 조종당하지 말아라

나 자신에게 크게 외치자.
두려워도 행동하겠다!
불편해도 행동하겠다!
힘들어도 행동하겠다!
나는 이 행동을 통해서
어메이징한 인생을 살아갈 사람이다!

가슴에 손을 얹고 말하자!
All is well.
(알이즈웰, 모든 것이 다 잘되고 있어. 다 괜찮아.)
이 또한 지나갈 것이고,
지금을 생각하며 웃을 날이 올 것이다.

이 또한 지나가리라
This, too, shall pass away.

이 또한 지나가리라

This, too, shall pass away

Day
48

어려울수록 침착하라

어려운 일이 닥쳤을 때는 허둥대는 것보다
마음을 가라앉히고 원하는 상태에 집중하라.
조용한 마음으로 긍정적인 기도를 잠재의식에 보내라.
'내가 하는 일은 반드시 잘된다!'라고 믿어라.
항상 이 생각을 마음속에 지속적으로 심어주어라.
그 생각이 잠재의식에 들어간 순간
나와 관계된 일은 잘된다고 하는 깊은 확신이 있기 때문에
꼬리에 꼬리를 물고 멋진 생각이 떠오르고,
더 좋은 기회들이 내 앞에 펼쳐진다.

Day
49

정금처럼 빛나기 위한
연단의 과정

나는 선천적으로 심한 말더듬이었다.
더구나 나는 발음도 제대로 못 하는 바보였다.
폐가 약해 긴 문장을 한꺼번에 말할 수도 없었다.
그래서 사람들은 내 말을 모두 무시했다.
아니 나란 존재 자체를 모두 무시했다.
나는 발음을 잘하기 위해
입속에 자갈을 물고 피가 나도록 연습을 했다.
나는 폐활량을 늘리기 위해 다섯 번이나 실신을 하며
산등성이를 죽도록 기어올랐다.
나는 어깨를 들어 올리는 나쁜 제스처를 고치기 위해
시퍼런 칼날 밑에서 끊임없이 움직여댔으며,
지식을 쌓기 위해 머리와 눈썹을 한쪽씩 깎으며
지하실 서재에서 연구의 혼을 쏟았다.
또한 나는 멋진 연설문을 만들고 싶어
유명한 연설가의 책을 여덟 번이나 옮겨 적었다.
그 후로 나는 나와 수많은 사람들의 인생을 변화시켰다.

— 그리스의 명연설가, 데모스테네스

그 후로 나는

나와 수많은 사람들의 인생을

변화시켰다

Day
50

두려워하는 것을 하라

"당신이 하기를 두려워하고 있는 것을 하라.
그렇게 하면 그 두려움이 사라지는 것은 확실하다."

— 랄프 왈도 에머슨

우선 당신이 자신의 두려움을
극복하려 하고 있다는 것을 적극적으로 긍정하고,
당신의 현재의식 속에서 하나의 확실한 결단에 도달하면
당신은 잠재의식의 힘을 풀어놓는 것이 되며,
그것은 당신의 생각대로 자연스럽게 없어질 것이다.
만약 당신이 사람들 앞에서 말하는 것이 두렵다면
바로 그것을 하라.
그러면 그 두려움은 확실히 사라질 것이다.

Day
51

이탈해도 괜.찮.다.

당신은 꿈이라는 특정한 지도 속에 갇히기 쉽다.
당신이 어떤 꿈을 좇다가
방향을 잘못 잡았음을 발견할 때 어떤 일이 벌어질까?

만일 당신이 유연한 자세를 갖지 못한다면,
당신은 당황한 나머지 당신을 기다리고 있는
좀 더 큰 꿈을 놓칠 것이다.
아폴로 11호 우주선은 긴 항해 시간의 90퍼센트 이상을
궤도에서 이탈해 있었다고 한다.
하지만 그 우주선은 종착점이 미리 입력되어 있었으므로,
방위를 수정하고 조절하기를 계속하면서 드디어 달에 도착했다.

여행 도중 진로를 변경해야 한다고 해서 두려워하지 마라.
당신 내부의 안내 장치는 당신의 꿈을 향해 맞춰져 있다.
우회하는 길에도 교훈은 있기 마련이고,
머지않아 거기서 다시 당신의 길을 발견하게 될 것이다.
또 경우에 따라 기꺼이 옆길을 택한다면
당신은 좀 더 좋은 곳으로 가게 될 것이다.
그곳을 향해서 끝까지 간다면,
꼭 그곳과 만나게 될 것이다.

Day
52

새로운 길은 이렇게 만들어진다

"잘못 든 길이 지도를 만든다."

새로운 길을 만들어가는 것은
누군가의 용기 있는 결단 없이는 불가능하다.
링컨의 용기 있는 결단으로 흑인들은 자유를 얻었고,
독배를 마신 소크라테스의 결단도
자신의 신념에 타협을 허락하지 않는 용기의 결과였다.

용기 있는 결단과 함께
가치 있는 이상이라는 목표를 마음에 품고
산사태가 온다 해도,
두려움의 장벽에 부딪혀 넘어진다 해도
뜨거운 사랑으로 끝까지 다다르라!
그렇게 만들어진 길을 따라
많은 사람들이 편안하게 오고 간다.

Day
53

고통은
위대함으로 가는
친구

과정을 고통이라고 느끼면
고통이 된다.
하지만 그것을 과정으로써 즐기면
즐거움이 된다.

지금 고통스러운가?
내가 원하는 방향으로 가는데
자꾸 턱턱 막히는 느낌이 드는가?
그것은 위대함으로 가는
가장 좋은 친구라는 사실을 잊지 마라.

Day
54

슬픔, 고통, 비극도 끝이 있다

"당신이 무엇인가를 이루려면
먼저 당신은 그 무엇인가가 되어야 한다."

당신은 지금 당신이 되고자 하는 그 사람이 되기 위한
과정들을 밟아나가고 있는 것이다.
당신이 겪었던 고통의 시간들은 지금의 당신이 있기 위해서
당연히 필수적으로 겪어야 할 과정이었다.
그렇다.
모든 것에는 이유가 있다.
모든 고통과 힘든 눈물 속에서 성장통을 겪어야만
당신의 그릇을 키울 수 있다.

OBCHODNÍ DŮM

Day
55

사람을 고귀하게 만드는 것은
고난이 아니라 다시 일어서는 것이다.

— 크리스티안 바너드

Day
56

당신은 성장하고 있는가

"Live on the edge."
가장자리에서 매 순간을 살아라.

《시크릿》의 실제 주인공인 밥 프록터가 나에게 해준 마지막 말이다. 미국에서 트레이닝을 마치고 그와 헤어지기 전 나에게 해주고 싶은 말이 있냐고 물었다. 그때 그는 나에게 심플한 딱 한마디를 했다.
"Live on the edge."
가장자리에서 매 순간을 살아라! 편안한 지대가 아닌 가장자리에서 아슬아슬하게 걸으며 한치 앞을 모를 정도의 삶을 살라는 말이다. 인생의 새로운 단계로 도약하려면 편안한 지대를 뚫고 나와 불편한 일들까지 할 수 있어야 한다. 바로 그때가 진정으로 성장할 수 있는 시간이기 때문이다. 편안함에 안주하는 순간 당신의 성장은 거기서 멈춘다. 내 안에 있는 잠재력을 발견하고 내가 몰랐던 내 안의 달란트들을 발견하고 발전해나가기를 원한다면, 안전한 상자 안에서 언제든지 기꺼이 밖으로 튀어나갈 마음의 준비가 되어 있어야 한다. 그 상자 밖을 나갔을 때 펼쳐지는 내가 한 번도 경험하지 못했던 세상! 그때 느껴지는 두려움을 기꺼이 껴안아주어야 한다.
성장하는 삶! 그것은 짜릿하다! 당신을 진정 살아 숨 쉬게 한다!

Live on the edge.

가장자리에서 매 순간을 살아라.

Day
57

절대로, 절대로, 절대로

"절대로,
절대로,
절대로,
포기하지 말라!"

A. 팔삭둥이 조산아, 말더듬이 학습 장애인,
'희망이 없는 아이'로 학적부에 기록되었던 사람.

B. 명연설가, 노벨문학상 수상자,
세계대전의 영웅, 위대한 정치인.

A와 B는 같은 사람이다.
그는 바로 윈스턴 처칠이다.
그렇기에 처칠이 옥스퍼드 대학의 졸업식 축사에서
이 한 마디만을 반복해서 말하고 내려왔을 때,
뜨거운 감동이 전해질 수밖에 없었다.

Day
58

꿈은 머리로 이루는 것이 아니다

"어떻게 올라갔습니까?"
세계 최초로 에베레스트 산을 등정한
에드먼드 힐러리 경에게 물었더니
이렇게 답했다.

"한 발 한 발 걸어서 올라갔지요.
진정으로 바라는 사람은 이룰 때까지 합니다.
안 된다고 좌절하지 않습니다.
안 되면 방법을 달리합니다.
방법을 달리해도 안 될 때는
그 원인을 분석합니다.
분석해도 안 될 때는 연구합니다.
이쯤 되면 운명이 손을 들어주기 시작합니다."

Day
59

그럼에도 불구하고

사람들은 때로 믿을 수 없고,
앞뒤가 맞지 않고, 자기중심적이다.
그럼에도 불구하고 그들을 용서하라.

당신이 친절을 베풀면
사람들은 당신에게 숨은 의도가 있다고 비난할 것이다.
그럼에도 불구하고 친절을 베풀라.

당신이 어떤 일에 성공하면
몇 명의 가짜 친구와 몇 명의 진짜 적을 갖게 될 것이다.
그럼에도 불구하고 성공하라.

당신이 정직하고 솔직하면 상처받기 쉬울 것이다.
그럼에도 불구하고 정직하고 솔직하라.

오늘 당신이 하는 좋은 일이
내일이면 잊혀질 것이다.
그럼에도 불구하고 좋은 일을 하라.

가장 위대한 생각을 갖고 있는
가장 위대한 사람일지라도

가장 작은 생각을 가진
작은 사람들의 총에 쓰러질 수 있다.
그럼에도 불구하고 위대한 생각을 하라.

사람들은 약자에게 동정을 베풀면서도 강자만을 따른다.
그럼에도 불구하고 소수의 약자를 위해 싸우라.

당신이 몇 년을 걸려 세운 것이
하룻밤 사이에 무너질 수도 있다.
그럼에도 불구하고 다시 일으켜 세우라.

당신이 마음의 평화와 행복을 발견하면
사람들은 질투를 느낄 것이다.
그럼에도 불구하고 평화롭고 행복하라.

당신이 가진 최고의 것을 세상과 나누라.
언제나 부족해 보일지라도.
그럼에도 불구하고 최고의 것을 세상에 주라.

— 인도 캘커타의 마더 테레사 본부 벽에 붙은 시

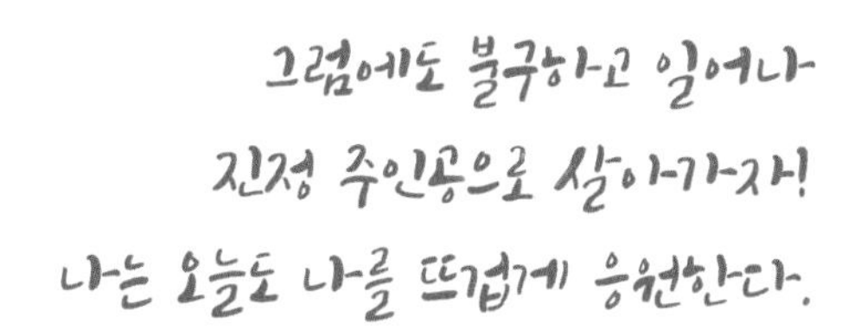
그럼에도 불구하고 일어나
진정 주인공으로 살아가자!
나는 오늘도 나를 뜨겁게 응원한다.

Day 60

점, 선, 면의 법칙

"나의 일상은 지극히 단조로운 날들의 반복이었다. 잠자고 일어나서 밥 먹고 연습, 자고 일어나서 밥 먹고 다시 연습, 어찌 보면 수행자와 같은 하루였다. 하지만 내가 알고 있는 한 어떤 분야든 정상에 오른 사람들의 삶은 공통적이게도 조금은 규칙적이고 지루한 하루의 반복이었다.
나는 경쟁하지 않았다. 단지 하루하루를 불태웠을 뿐이다. 그것도 조금 불을 붙이다 마는 것이 아니라, 재까지 한 톨 남지 않도록 태우고 또 태웠다. 그런 매일 매일의 지루한, 그러면서도 지독하게 치열했던 하루의 반복이 지금의 나를 만들었다."

— 강수진, 《나는 내일을 기다리지 않는다》 중에서

세계 최고의 발레리나 강수진의 글이다. 하루하루를 재까지 한 톨 남지 않도록 태우고 또 태웠다고 자신 있게 말할 수 있는 그녀의 열정과 그 일에 대한 사랑이 오롯이 느껴지는 글이다.
모기향이 다 타서 모든 재가 떨어질 때까지 하루를 태우고 또 태우며 시간을 보낸 사람은 언젠가 인생의 걸작을 만들어낸다. 한 분야에서 무엇이든 위대한 일을 이룬 사람들에게는 인정할 수밖에 없는 그 무엇이 있다. 그것은 자신의 꿈에 대한 사랑이다. 미치도록 사랑하기 때문에 재까지 한 톨 남지 않도록 태우고 또 태울 수 있는 것이다. 불태우는 그 하루의 '점'들이 모여 '선'이 되고, 그 '선'들이 모여 '면'이 된다.

내가 원하는 상태를 향해 하루하루 찍은 '점'들이 모여 '선'이 만들어지고, 그 선들이 모여 '면'이 만들어진다. 매 순간 원하는 것을 품고 집중해서 '점'을 찍어가다 보면 결국 위대함이 만들어진다.
대부분의 사람들은 인생 걸작을 이룬 사람들의 '면'을 보며 부러워한다. 그들이 재까지 남기지 않고 태우고 또 태웠던 '점'들은 보지 못한다. 하루 24시간, 모두에게 주어진 시간은 똑같다. 다시 되돌릴 수 없는 이 시간을 현재 어떻게 보내는지에 따라 당신의 내일이 바뀌고, 내년이 바뀌고, 인생이 바뀐다.

당신은 오늘부터
어떤 '점'을 찍을 것인가?

나를 확신하는 시간

내가 믿는 대로 된다

Day
61

나는 내 운명의 주인이며,
내 영혼의 선장이다

끝을 알 수 없는 구덩이처럼 캄캄한
어둠이 나를 덮고 있는 이 밤, 신이 어떤 존재이든지 간에
나는 굴복하지 않는 내 영혼에 감사할 뿐이다.

견디기 어려운 상황에 빠져 있을 때에도
나는 움츠러들지도 크게 울음을 터뜨리지도 않았다.

불운의 몽둥이에 얻어맞아
머리에 피를 흘릴지라도 고개를 숙이지는 않았다.

분노와 슬픔 너머에서
죽음의 공포가 내게 손짓하지만,
세월이 아무리 흘러도 나는 두려워하지 않는다.

내 앞에 놓인 좁은 문이 어떤 것인지,
어떤 형벌이 기다리고 있는지는 중요치 않다.
나는 내 운명의 주인이며, 내 영혼의 선장이다.

— 윌리엄 어니스트 헨리

Day
62

답은 항상
당신 안에 있다

인생에 대한 답은
항상 당신 안에 있다.
당신이 해야 할 것은
단지
찾아보고, 듣고,
믿는 것이다.

답은 당신 안에 있다

Day
63

아이처럼 믿어라

소원을 이루고 싶을 때는
'언제쯤 이룰 수 있을까?'
'어떻게 하지?'
'왜 안 되는 거지?' 하면서
걱정하고 이것저것 신경 써서는 안 된다.
반대의 경우를 생각해서도 안 되며,
의지의 힘을 써서도 안 된다.
완전히 아이처럼 무작정 믿어야 한다.

가장 중요한 것은
편안한 마음을 갖는 것이다.
힘을 들이고 있는 것은
마음이 나누어진 증거이기 때문이다.
잠시 눈을 감고 마치 당신의 소망이
이미 이루어진 것처럼 느껴보라.
마음을 편안하고 태평하게 가져라.
아직 일어나지 않은 일을
일어날 것이라고 마음속에서 확신하면,
당신은 이 세상에 못 할 일이 없다.

Day 64

아무도 나에게 관심 없다

당신이 열여덟 살일 때는,
세상 모든 사람이 당신에 대해서 생각하는 바를 염려한다.
당신이 마흔 살이 되면,
자신에 대해서 누가 무슨 생각을 하든 조금도 개의치 않는다.
당신이 육십 살이 되면,
아무도 당신에 대해서 전혀 괘념치 않았다는 사실을 깨닫게 된다.

— 아멘 박사

정말로 중요한 것은
내가 내 자신을 어떻게 생각하느냐다.
내가 나를 어떻게 바라보느냐에 따라
나의 삶이 결정되기 때문이다.

정말로 중요한 것은
내가 내 자신을 어떻게 생각하느냐다

Day
65

나의 가치

나의 가치는
다른 사람에 의해
검증될 수 없다.

내가 소중한 이유는
내가 그렇다고 믿기 때문이다.

내가 소중한 이유는

내가 그렇다고 믿기 때문이다

Day
66

얼마에 당신을 팔겠는가

사람은 자기 자신을
오렌지 두 알에 팔아넘길 수도 있고,
감자 네 근에 팔아버릴 수도 있으며,
5백 루피에 팔 수도 있다.
그러나 또한 스스로 원하기만 한다면
자기 자신을 값으로 따질 수 없을 만큼
귀한 존재로 만들 수도 있다.
그 모든 것은
자신을 어떻게 생각하느냐에 달려 있다.

— 법정 스님

Day 67

당신도 충분하다

진정한 성공자는 서두르지 않는다.
자신만의 내공으로 충만해 있다.
그 내공은 자신에게 온전히 집중하고,
마음의 근육을 갈고 닦아 튼튼하게 만들었기에
가만히 있어도 빛을 발하는 내공이다.
그들처럼 되고 싶다고 마냥 부러워만 하고 있을 텐가.
당신 스스로 진정한 성공자가 되어라.

당신 안에는 무한한 잠재력이 있다.
요동치는 뜨거운 심장이 있다.
빠르게 박동하는 세포가 있다.
우리 본연의 모습은 말한다.
뜨겁게 나 자신을 사랑하며 나아가라고!
너는 할 수 있다고!
당신은 당신의 인생을 감동적으로 만들어갈 자격이 있다.
그리고 반드시 그래야만 한다.
그것이 오늘을 살아가는 당신에 대한 최소한의 예의다.

Day 68

나를 뛰어넘으면 기적이 일어난다

세상에서 가장 힘들고 중요한 건 마지막 1도,
그 한계의 순간이다.
기적을 바라기만 하고
아무 노력도 하지 않는 사람에게
기적은 일어나지 않는다.
기적은 신이 내려주는 것이 아니라
자신의 의지와 노력으로 '일으키는' 것이라고 한다.
결국 '이거 아니면 죽는다'라는
간절한 내 마음이 기적을 만든다.

아무도 당신을 믿지 않을 때
당신은 자기 자신에 대한
믿음을 가져야만 한다.
당신을 승자로 만들어주는 것은
바로 그것이다.

— 비너스 윌리엄스(올림픽 금메달리스트, 프로 테니스 챔피언)

You have to believe in yourself
when no one else does,
that makes you a winner right there.

Day
69

나는 할 수 있다,
반드시!

나는 나를 믿는다.
나는 그 무엇보다
나를 신뢰하고 의지한다.
나는 어떤 어려움도 이겨낼 수 있다.

할 수 있다고 생각하면 할 수 있고,
할 수 없다고 생각하면 할 수 없다.

할 수 있다고 생각하면 할 수 있고,
할 수 없다고 생각하면 할 수 없다.

Day
70

내가 바라보고
믿는 대로

우리는 스스로가 진실이라고
믿는 이미지에서 벗어나거나 그것을 넘어설 수 없다.

— 맥스웰 몰츠

사람들은 항상 자기 자신과 주위 환경에 대하여
스스로가 진실이라고 믿는 것에 따라
행동하고 느끼고 행동하며
그에 따른 결과를 경험한다.
아무리 목표를 높게 설정해도,
자신에 대해 스스로 믿는 이미지가
그보다 낮다면
그 이상의 결과를 삶에서 얻을 수 없다.

당신은 당신 자신을 어떻게 바라보고 있는가?

Day
71

믿어주는 칭찬

믿음이 곧 칭찬이다.
부모가 아이를 믿어주는 것보다
더 큰 칭찬은 없다.
아이 스스로 잘할 수 있다고 믿어주는 것은
아이의 자신감을 키우는 데 도움이 된다.

아이: 엄마가 나가신 다음에는 누가 절 깨우죠?
엄마: 엄마는 네가 혼자서도 잘할 수 있다고 믿어.

— 글로리아 베크, 《달콤한 칭찬》 중에서

Day 72

반드시 된다

과연 그게 가능할까?
정말 내가 될 수 있을까?

의심하지 마라.
상상력의 핵심은
'될 수 있을까?'의 가능성이 아니다.
'반드시 된다'라는 확고한 신념이다.
단 1%도 의심하지 않는
절대적 믿음이다.

상상의 힘을 내 편으로 끌고 오는
가장 확실한 방법은
완벽하게 믿는 것,
그것뿐이다.

Day
73

잠재의식에 완전히 맡긴 증거

문제가 생겼다면
나 자신이 무슨 생각을 하는지를 자각하고
문제의 해결점에 집중하라.

지금 어떤 상황으로 전개된다면
내가 가장 기쁘고 편할지를 종이에 써보라.
그리고 그 문제가 해결된 때를 느껴보라.
지금 이루어진 것처럼.
어느 순간 마음속에 평화로운 감정이 떠오르고
전신에 정적감이 차오는 듯한 느낌이 들면서
잠에 빠져든다면 거기서 끝난 것이다.
내가 느꼈던 그대로를 곧 만날 것이다.

Day
74

나에게 감사하다

머리야 고맙다
온갖 것 다 생각나게 해줘서

눈아 고맙다
보고픈 것 마음대로 볼 수 있게 해줘서

귀야 고맙다
필요한 것 듣고 살아가게 해줘서

입아 고맙다
맛있는 것들 마음껏 먹을 수 있게 해줘서

모가지야 고맙다
여기저기를 둘러보게 해주어서

이 한 몸 모두모두 고귀한 연계구성!
여기까지 잘 살아줘서

참으로 고맙다.

— 소천

고귀한 나…
내가 가진 것은 참 많다.
살아 있음에 감사한다.
내가 가진 것들에 감사하라.

Day
75

귀하디귀한 당신

당신은 우연한 존재가 아니다.
당신은 대량생산된 존재가 아니다.
당신은 조립 제품이 아니다.
당신은 최고의 장인에 의해서 신중하게 계획되었고,
특별한 재능을 부여받았으며,
애정이 담겨 이 세상에 보내어졌다.

— 맥스 루카도

Day
76

나는 내가 좋다

잠재의식은 무엇인가를 받아들이는 능력이 대단히 뛰어나다.
진실이든 거짓이든 긍정적이든 부정적이든
어떤 말이 잠재의식에 뿌리를 내리면
잠재의식은 모든 능력과 재주를 다해
그것을 현실로 만들려고 노력한다.

"나는 내가 좋다!"

이 말을 반복해보자.
힘이 날 것이다.
무엇이든 더 잘할 수 있게 될 것이다.
더 행복해질 것이다.
이 효과를 영원히 지속시키고 싶다면
그 말이 성과를 거둘 때까지 계속 반복하라.
지금 당장 반복하자.

나는 내가 좋다.
나는 내가 정말 좋다!

나는 내가 좋다.

나는 내가 정말 좋다!

Day 77

내가 필요로 하는 바로 그 순간에

모든 것과 조화된 상태에서
나만의 이상을 향해 품고 나아간다면
인생에서 모든 퍼즐 조각들은 맞춰지기 시작한다.

어떤 상황이나 사람, 환경
혹은 내가 마음속에서 원하는 그 무엇이
나에게 이끌려 찾아올 것이다.
그것도 내가 필요로 하는 바로 그 순간에 나타날 것이다.

그곳을 향해 가는데
한치 앞이 보이지 않아도 불안해하지 말자.
모든 것이 조화된 상태에서 맡기는 마음으로 나아가자.
내가 필요로 하는 바로 그 순간에 그것은 나타날 것이다.

진정 살아라

당신의 삶을 사랑하라.
당신의 삶을 연애하라.
당신의 삶은 당신의 연인이다.

연애하듯 삶을 살아라.

당신이 불행하다고 해서 남을 원망하느라
기운과 시간을 허비하지 말아라.

어느 누구도 당신의
인생의 질에 영향을 미칠 수는 없다.

그럴 수 있는 사람은 오직 당신뿐이다.

모든 것은 타인의 행동에 반응하는
자신의 생각과 태도에 달려 있다.

많은 사람들이 실제 자신과 다른
뭔가 중요한 사람이 되고 싶어 한다.

그런 사람이 되지 말아라.

당신은 이미 중요한 사람이다.
당신은 당신이다.

당신 본연의 모습으로 존재할 때
비로소 당신은 행복해질 수 있다.

당신 본연의 모습에 평안을 얻지 못한다면
절대 진정한 만족을 얻지 못할 것이다.

자기 자신을 사랑한다는 것은 중요한 일이다.

다른 사람들이 당신에 대해서
뭐라고 말을 하든 어떻게 생각하든 개의치 말고
심지어 어머니가 당신을 사랑하는 것보다도
더 자기 자신을 사랑해야 한다.
그러니 언제나 당신 자신과 연애하듯 삶을 살아라.

— 어니 J. 젤린스키

진정 살.아.라.

Day
79

나는 나 자신에게 어떤 말을 하고 있는가

박지성은 항상 이렇게 말했다.
"나는 성공한다!" "나는 성공한다!"

"나는 성공할 것이다"도 아니다.
"나는 성공하고 싶다"도 아니다.
그는 언제나 "나는 성공한다"라는 현재시제로 말했다.
어떤 말이든 반복적으로 계속 되풀이해 주입하면,
그 말이 진실이든 거짓이든 그 사람이 차츰 변화해서
결국 그 사람 자체가 완전히 변화되어 버린다.

매일 아침 집을 나서기 전 거울을 보면서
나는 나 자신에게 어떤 말을 해주고 있는가?
"나는 …하다"로 나만의 어메이징 선언문이나
어메이징 혼잣말을 만들어 큰 소리로 반복해 읽어보라.

가장 중요한 것은
이 말을 반복함으로써 생겨나는 내 마음의 변화다.
그것을 이루었을 때 느끼게 될 감정들을
지금처럼 느끼는 것이 중요하다.
그 느낌들이 강하면 강할수록
실제로 삶에서 변화되는 속도도 빨라질 것이다.

나는 성공한다!

Day
80

나는 할 수 있다

만일 당신이 진다고 생각하면
당신은 질 것이다.

만일 당신이 안 된다고 생각하면
당신은 안 될 것이다.

만일 당신이 실패할 것이라고 생각하면
당신은 실패할 것이다.

돌이켜 세상을 보면
마지막까지 성공을 소원한 사람만이
성공하지 않았던가.

모든 것은 사람의 마음이 결정한다.
만일 당신이 이긴다고 생각하면
당신은 승리할 것이다.

만일 당신이 무언가를 진정으로 원한다면
그대로 될 것이다.

자, 다시 한 번 출발해보라!
강한 자만이 승리한다고 정해져 있지는 않다.
재빠른 자만이 이긴다고 정해져 있지도 않다.

우리는 누구나 두려움의 장벽에 부딪힌다. 목표를 향해서 나아갈 때 두려움의 장벽을 만나지 않는 사람은 아무도 없다. 그 장벽에 부딪혀 너무나 두려운 나머지 옴짝달싹 못하게 된다.
그럴 때도 그 두려움을 기꺼이 안고, 그럼에도 불구하고 한 걸음 더 내가 원하는 목표를 향해서 나아가야 한다. 그 장벽을 넘으면 자유를 만나게 될 거라는 신념을 가져라. 믿음을 넘어선 완전한 확신을 갖고 그 장벽을 기꺼이 뚫고 한 걸음 더 내딛어라.
자신에 대한 믿음으로 기꺼이 장벽을 넘은 자에게는 자유와 승리의 기쁨이 주어진다. 자신의 무한한 가능성에 대한 이해와 확신, 자신에 대한 자신감, 충만한 행복, 자유를 만나게 된다. 그 짜릿한 기분을 느껴보고 싶지 않은가!

두려움의 장벽! 더 이상 나를 괴롭히는 장벽이 아닌 자유를 만나게 해주는 연결다리로 격하게 끌어안아 버리자! 그때 우리는 비로소 '자유로워진 나', 한층 성숙한 '자랑스러운 나'를 만나게 될 것이다.

나를 사랑하는 시간

계속 가라

Keep Going

Fly!

훨훨 비상하라!

Life is amazing!

인생은 어메이징하다!

Yes! I can!

나는 무엇이든 할 수 있다!

인생은 단 한 번뿐이다.

나는 단 하나의 놀라운 어메이징한 삶을 만들 수 있다.

충만하게 행복한 삶의 주인공은 바로 나!

Day
81

지금,
행복하다고 마음먹어라

대부분의 사람들은 마음먹기에 따라 행복할 수 있다.
Most folks are as happy as they make up their minds to be.

— 에이브러햄 링컨

인생은 문제의 연속이다.
만일 행복하고 싶다면 반드시 행복해져야 한다.
그것뿐이다.
자꾸 따진다고 행복해지지는 않는다.
현재를 살면서 삶을 즐겨라.

귀한 당신, 행복해지고 싶은가?
그렇다면 지금, 마음먹어라.
행복해지겠다고!

행복은 선택이다.
상황과는 상관없다.

당신,
지금
행복하신가요?

Day
82

다시 오지 않을 '오늘'

어제는 역사, 내일은 수수께끼,
오늘은 신의 선물이다.
그래서 오늘을 '선물' 이라 부른다.

— 조안 리버스

지나간 일에 마음을 빼앗겨서는 안 된다.
어제의 문은 꼭 닫고 열지 말아야 한다.
우리는 어제가 아니라
오.늘.을 살고 있기 때문이다.

오늘은 신의 선물이다

Day
83

먼저 비워야 채워진다

물이 가득 담긴 컵에는
또 한 잔의 물을 부을 수 없다.
그 컵에 담긴 물을 비우기 전에는
채워 넣을 수가 없다.
악기가 소리를 내는 것도
비워야 자기 소리가 난다.

사람도 마찬가지다.
불필요한 것들을 비워내야
공간이 생기고,
그 공간에
새로운 것이 채워진다.

행복한 삶을 원한다면,
새로운 것들을 위해
낡은 것들을
반드시 비워야 한다.

Day
84

잘되는 나, 잘되는 너

몽상이 아닌
꿈을 꾸는 사람과 어울려야 한다.
거대한 목표를 세우고 위대한 일을 이루려는 사람과 가까이하면
우리도 그렇게 된다.
우리가 잠재력을 온전히 발휘하도록 도와줄 사람을 사귀어야 한다.

— 조엘 오스틴

You attract like-minded people.
같은 생각을 가진 사람들을 끌어당긴다.
내 주위에 누구와 함께 하느냐에 따라 나의 인생은 바뀐다.

나는 지금 주로 어떤 사람과 어울리고 있는가?
무엇보다 내가 현재 그것을 인식하고 있다는 사실이 중요하다.
앞으로 함께 어울리는 사람,
함께 시간을 보내는 사람을 신중하게 선택해야 한다.
독수리와 함께 날자!

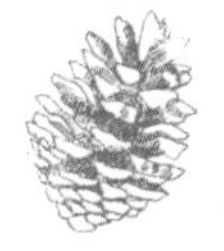

당신은 자신이
가장 많은 시간을 함께 보내는
다섯 사람의 평균치다.
— 짐 론

Day
85

끊임없이 배워라

당신은 자신에게 투자하고 있는가?
배우는 것을 절대 멈추지 마라.
안전한 우물 안에서 벗어나 자신을 마음껏 펼치고 성장시켜라.
대부분의 사람들이 등한시하는 마인드에 대해서 끊임없이 배우고
인생의 법칙을 이해하고 적용하기 시작하면
보이기 시작하는 결과에 놀라게 될 것이다.
오늘부터 당신의 시간과 에너지를
조금이라도 새로운 무엇인가를 배우는 것에 투자해보라.

세계적으로 성공한 사람들은
그들의 마인드 강화에 끊임없이 투자하고,
그 법칙을 배우고,
자신을 끊임없이 훈련시켰고,
지금도 훈련하고 있다는 사실을 기억하라.

Day 86

과감하게 보내라

과거의 문제에 집착하며
아직도 전전긍긍하고 있다면
마음으로부터 완전히 놓아주어야 한다.
집착하면 당신은 새로운 곳으로 나아가지 못한다.
반대로 놓아주면
더 좋은 것을 내 앞으로 끌어올 수 있는 힘이
크게 증가된다.

누군가에게 선물을 주고도
마음으로는 움켜쥐고 있다면,
그것은 결코 선물이 아니다.

자유롭게 내어줄 수 없다면
아예 줄까 말까 고민조차 하지 말라.
그러나 이미 주었다면
과감하게 마음에서 떠나보내라.

Day
87

스스로
불행을 부추기지 마라

인간은
일어난 사건에 의해서가 아니라,
그 사건에 대한 자신의 의견 때문에
고통을 느끼게 되는 것이다.

—철학자 에픽테토스

아무리 비극적인 상황이나 불리한 환경 속에 있더라도
우리는 조금 더 행복한 상태를 유지할 수 있다.
이것은 완전히 행복하지는 않더라도
자기 연민이나 분노, 적대감을
현재 처한 불행에 스스로 보태지 않는다면 가능한 일이다.

Day
88

진정한 용서

어떤 직업에 종사하든지 간에
타인에 대해 분노와 부정적인 감정을 품는다면
끝끝내 부에 도달할 수 없게 된다.
수많은 사람들이 평생 부를 얻지 못하고
인생이 끝나버리는 이유가 여기에 있다.

상대방에 대한 적개심을 풀고 용서를 하기 전까지
그들에게 부는 결코 찾아오지 않는다.
정신적으로나 정서적으로 풍요한 부가 차지할 만한
빈자리를 만들지 않았기 때문이다.
그러므로 우리는 용서를 함으로써
마음에 빈 공간, 즉 여백을 만들어야 한다.

'용서 forgive'라는 말은 '포기 give up'하라는 뜻을 지니고 있다.
우리의 부를 가로막는 부정적인 감정을 붙들지 말고 놔주는 것,
즉 포기하는 것이 용서다.

— 캐서린 폰더

우리는 용서를 함으로써,
마음에 빈 공간,
즉 여백을 만들어야 한다

Day
89

용서는 자신에게 주는 가장 큰 선물

용서란 상대방을 위해 면죄부를 주는 것도 아니고,
결코 상대방이 한 행동을 정당화하는 것도 아니며,
내 자신이 과거를 버리고 앞으로 나아가기 위해 하는 거예요.

용서란 말은 그리스어로 '놓아버리다'라는 뜻을 가지고 있죠.
상대방에 대한 분노로 자신을 어찌하지 못하고
과거에만 머물러 앞으로 나아가지 못하는 건
자신을 위하는 것이 아니죠.

여러분, 놓아버리세요. 그리고 용서하세요.
나 자신을 위해….

— 오프라 윈프리

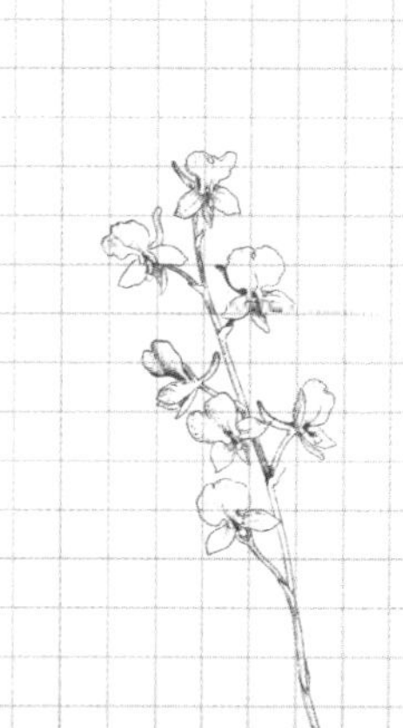

Day
90

가장 좋은 선물

가장 무서운 죄는 '두려움'
가장 좋은 날은 바로 '오늘'
가장 무서운 사기꾼은 '자신을 속이는 자'
가장 큰 실수는 '포기해버리는 것'
가장 치명적인 타락은 '남을 미워하는 것'
가장 어리석은 일은 '남의 결점만 찾아내는 것'
가장 심한 파산은 '의욕을 상실한 텅 빈 영혼'
가장 지혜로운 사람은
'자신이 옳다고 생각한 바를 실행하는 사람'
가장 아름다운 열매는 '기쁨과 온유함'
가장 나쁜 감정은 '질투'
그러나…
가장 좋은 선물은 '용서'

— F. 크레인

Day
91

가진 게 없다고 말하는 당신에게

지금 아무것도 가진 게 없다고,
삶이 너무 힘들다는 이들에게 말하고 싶다.
나보다 많이 가진 사람들을 보며
나도 모르게 내 마음 안에서
시기와 질투를 하고 있었던 것은 아닌가.

내가 가진 것들을 써보자.
우선 '숨 쉴 수 있다'부터 써보자.
써나가다 보면 내가 이미 가지고 있는 것이
50가지도 넘는다는 사실을 깨닫게 될 것이다.

내가 가진 것들에 한없이 감사하자.
당신은 더욱 감사할 일들을 끌어당기게 될 것이다.

Day
92

진심으로 감사하라

내가 이미 있는 것들에 고마워하지 않으면서
더 좋은 것들을 기대하지 마라.
지금 현재 내가 처한 상황에 불평불만을 갖기 시작하는 순간부터
그런 부정적인 마음이 내 주위로 전송될 것이다.
우리의 생각이 내가 가지지 못한 것, 빚더미, 가난에 머물고 있다면
우리의 마음도 이를 닮아갈 것이고,
그것들이 더더욱 우리를 찾아올 것이다.
결국 우리가 더 관심을 두고 에너지를 주는 것들이 반응해서
결국 그것들에 둘러싸여 살아가게 되는 것이다.

지금 있는 것들에 감사하라.
새 집이 있었으면 하고 바라면서
지금 살고 있는 집에 고마움을 느끼지 않으면,
그런 부정적인 마음이 지배하는 감정을
내 자신이 발산하고 다니는 것이다.
고마운 모든 일에 대해 생각해보기 시작하면
정말 신기하게도 감사해야 할 일들이
끊임없이 꼬리를 물고 이어질 것이다.

감사하기 습관이 쌓이면 앞으로 일어나지 않은 일까지도
미리 감사하게 되는 엄청난 일이 일어나기 시작한다.
'미리 감사하기' 습관이 자연스럽게 이루어지면
당신의 인생에 찾아드는 엄청난 풍요에 놀라게 될 것이다.

좋은 것들이 생길 때 감사하면 할수록
좋은 것들을 더 많이, 더 빨리 얻게 될 것이다.

그러므로 진심으로 감사하라.

좋은 것들이 생길 때 감사하면 할수록

좋은 것들을 더 많이, 더 빨리 얻게 될 것이다.

그러므로 진심으로 감사하라.

Day
93

나는 또 감사한다

감사하기 시작할 때
하루의 에너지가 바뀌기 시작하고,
그 하루가 모여 한 달의 에너지가 바뀌고,
그 한 달이 모여 일 년이 바뀌고,
그 일 년이 모여 내 인생이 바뀐다.

Day
94

지금 내가 겪고 있는 모든 일들

모든 일은
꼭 필요한 순간에 필요한 배움을 얻는다.
지금 경험하고 있는 모든 일들은
일어나야만 할 일들이었고,
그 경험 속에서
필요한 배움을 얻으면 된다.

Day
95

그래도 괜찮다

지금 비록 가진 게 없더라도 괜찮다.
지금 그늘에 있고,
아무도 나를 알아봐 주지 않는 것 같아도 괜찮다.
나는 아무것도 아닌 것 같고, 처절하고 비참하게 느껴지고,
가슴이 찢어질 것처럼 외로워도 괜찮다.
그늘에 있다고 느껴질수록 이것은 절호의 기회다.
바로 그때가 당신의 내부를 단단하게 다질 수 있는 기회다.
뜨겁게 침묵하고 내부를 단단하게 쌓은 후
때가 되면 정금처럼 찬란하게 빛을 발할 것이다.

누가 나에게 뭐라 해도 상관없다.
내 자신이 나에게 가능하다고 한다면,
할 수 있다고 말한다면,
그것은 가능한 것이다.

Day
96

때가 되면 자연스럽게 이루어진다

진정으로 그대를 위해 존재하는 것은
자연스럽게 그대에게 이끌린다.
그대는 지금 친구를 찾아 뛰어다닌다.
그러나 그대의 발은 부지런히 움직여도
그대의 정신은 그럴 필요가 없다.
친구를 찾지 못해도,
친구를 찾지 못하는 것이 최선이라고 받아들이면 된다.
그대 안에 있는 힘은 그의 안에도 있다.
그러므로 둘이 만나는 것이 최선이라면,
그 힘이 둘을 만나게 할 것이다.

그대는 지금 그대의 재능과 취향이 이끄는 대로,
인간에 대한 사랑과 명예에 대한 갈망으로
어떤 일을 하기 위해 열심히 준비하고 있다.
그런데 어떤 이유로 그 일을 할 수 없게 되었다고 하자.
그래도 그런 상황을 기꺼이 받아들이면 된다.
아직 그대가 그 일을 할 때가 되지 않았기 때문이다.
그대가 그 일을 할 수 있게 될 때
자연스럽게 그 일이 그대에게 다가올 것이다.

— 랄프 왈도 에머슨, 《스스로 행복한 사람》 중에서

이루어질 일은 반드시 이루어지고, 만날 사람은 반드시 만나진다.

금방 되느냐 조금 멀리 돌아서 되느냐의 차이이다.

최선을 다하고 감사하면 된다.

Day
97

정성

작은 일도 무시하지 않고 최선을 다해야 한다.
작은 일에도 최선을 다하면 정성스럽게 된다.

정성스럽게 되면 겉에 배어 나오고,
겉에 배어 나오면 겉으로 드러나고,
겉으로 드러나면 이내 밝아지고,
밝아지면 남을 감동시키고,
남을 감동시키면 이내 변하게 되고,
변하면 생육된다.

그러니 오직 세상에서
지극히 정성을 다하는 사람만이
나와 세상을 변하게 할 수 있다.

—《중용》 23장 중에서

Day
98

세상에 오직 하나뿐인 당신

풀잎 하나하나 눈송이 한 송이 한 송이
조금씩 서로 다르다.
이 세상에 같은 것은 존재하지 않는다.

아주 작은 모래 한 알부터
밤하늘의 거대한 별에 이르기까지
모든 것은 그렇게 만들어졌고, 그 모습 그대로 존재한다.

얼마나 어리석은가, 서로 닮으려 하는 것이.
얼마나 부질없는가, 그 모든 겉치레가.
우리 모두는 마음에서 나왔고,
마음에서 나온 생각들은 결코 끝나지 않는다.

오직 나만 존재하여 나의 가능성이 펼쳐진다.
그리고 당신도 자랑스럽게 느껴보라.
오직 나만 존재한다는 그 사실을.

모든 것은 당신으로부터 시작된다.
인간이라는 이름을 가진 무한한 그 가능성으로부터.

— 제임스 T. 무어

Day
99

내가 꿈꾸는
진정한 성공의 모습

자주 그리고 많이 웃는 것.
현명한 이에게서 존경을 받고
아이들에게서 사랑을 받는 것.
정직한 비평가의 찬사를 듣고
친구의 배반을 참아내는 것.
아름다움을 식별할 줄 알며
다른 사람에게서 최선의 것을 발견하는 것.
건강한 아이를 낳든
한 뙈기의 정원을 가꾸든
사회 환경을 개선하든
자기가 태어나기 전보다
세상을 조금이라도 살기 좋은 곳으로
만들어 놓고 떠나는 것.
자신이 한때 이곳에 살았음으로 해서
단 한 사람의 인생이라도 행복해지는 것.
이것이 진정한 성공이다.

— 랄프 왈도 에머슨

Day
100

내 삶을 진정 사랑하는가

불광불급 不狂不及 이라고 했다. 미치지 않으면 다다르지 못한다. 미치도록 사랑한다면 기꺼이 100% 헌신할 것이고, 기꺼이 사랑하는 내 꿈을 만날 때까지 나아갈 것이다. 그래서 무언가에 미쳐 있다는 것은 좋은 일이다. 미쳐본 사람은 안다. 그 안에 깊숙이 빠져 열중할 때, 잠도 제대로 못 자고 밥도 제대로 못 챙겨먹지만 세상을 다 가진 듯 짜릿하고 행복하다. 몸은 천근만근 무겁고 피곤해도 정신은 그 어느 때보다 맑아짐을.
당신은 어느 하나에 100퍼센트 온 마음과 혼을 다해 올인해본 적 있는가? 피가 끓어오르듯이 갈망해본 적이 있는가? 무엇인가를 이루고자 한다면 그 무엇을 사랑해야 한다. 사랑하지 않으면 절대로 끝까지 해낼 수 없다.

자기 자신에게 질문해보자.

"나는 단 하나의 내 삶을 뜨겁게 사랑하는가?"

"나 자신을 위해서 뜨겁게 사랑하는 삶을 살고 싶은가?"

그 대답이 'YES'라면 당신이 그토록 갈망하는 꿈을 찾고, 그 꿈을 이루기 위해 기꺼이 될 때까지 도전하라! 그 과정에서 진정 충만하게 어메이징한 나다운 삶이 무엇인지를 가슴속에 절절히 깨닫게 될 것이다.

나를 진정으로 사랑할 때 나답게 살아갈 수 있다.

나답게 살 때 우리는 진정 자유로울 수 있다.

나답게 살 때 우리는 진정 사랑할 수 있다.

나답게 살 때 우리는 진정 현재를 살아갈 수 있다.

나답게 살 때 우리의 묘비명마저도 유쾌해질 수 있다.

눈 감는 날, 나 자신을 보며

박수쳐 주고 웃으며 갈 수 있는 삶!

그 삶이 바로 나다운 삶을 살았을 때가 아닐까?

그 삶이 진정 성공한 삶이 아닐까?

당신은 어떤 사람으로 살기를 원하는가?

가장 '당신'다운 삶이란 어떤 삶인가?

당신은
어떤 사람으로 살기를
원하는가?

가장
'당신'다운 삶이란
어떤 삶인가?

그리고
내 인생이 변화되었다

크리스마스 새벽, 이 글을 쓰며 내 꿈의 서재에서 새벽을 맞는 이 순간 너무나 행복하다. 내가 원하던 공간에서 내가 가장 원하는 일을 하며, 원하는 사람들과 함께 성장하고 있는 지금 나는 매 순간 충만한 기쁨을 느낀다. 불과 몇 년 전, 내가 종이에 쓴 그대로 된 것이다. 마인드파워에 대해 공부하고 적용하면서부터 내 삶은 송두리째 바뀌었다.

초라한 들러리로 술독에 빠져 삶을 마감할 것 같았던 내 인생이 이렇게 180도 바뀌다니 나 자신도 놀랍기만 하다. 마인드파워에 대해서 공부하지 않았다면 나는 지금쯤 어느 포장마차에서 술잔을 기울이며 신세 한탄만 하고 있었을 것이다.

그렇게 간절히 원했던 집, 차, 직업, 관계 등을 모두 이루었지만 나는 서른에 그 모든 것을 내려놓았다. 잘 다니던 미국 대기업을 나올 때 나를 이해하는 사람은 단 한 명도 없었다. 내가 가진 모든 것을 투자해 마인드계의 마스터로 통하는 밥 프록터에게 트레이닝을 받으러 갈 때는 미쳤다고까지 했다. 한국에 돌아와서 교육 받았던 내용들을 밤새 번역하면서 사람들에게 가르칠 때는 쓸데없이 돈도 안 되는 일에 고생을 자초한다고 나를 안쓰러워했다. 어떤 이는 깨지지 않을 돌산을 계란으로 치고 있다고 지금이라도 그만두고 예전의 안정된 삶으로 돌아가라고 조언했다.

많은 사람들이 예상한 대로 마인드스쿨 오픈 후, 내가 이십대 후반과 서른 살에 누렸던 경제적 안정감은 꿈꿀 수 없었다. 아니, 솔직히 매일 살얼음판을 걷는 듯했다. 다시 가난에 시달려야 하는 두려움과 주위 사람들의 차가운 평가에 힘들고 마음이 흔들린 적도 많았다.

그럼에도 그만둘 수는 없었다. 마인드파워를 적용했을 때 인생이 어떻게 변화되는지를 사람들에게 알려주고 싶었다. 마인드파워로 세상을 이롭게 하고자 하는 나의 불타는 열망도 이 일을 그만둘 수 없게 했다.

이후 12년의 시간이 흐르고, 나는 마인드스쿨을 통해 사람들이 마인드에 대해서 이해하고 작은 것이라도 적용하면서 인생의 주인공으로 변화하는 모습을 지켜보며 더할 나위 없는 행복을 느끼고 있다. 그리고 좀 더 많은 이들이 자기 인생의 주인공으로 당당하게 살아가길 바라는 마음에 책 출간에 많은 노력을 했다. 책 출간까지 하루에 3시간 이상 자지도 못했지만, 이 책을 통해 변화할 더 많은 이들을 생각하니 오히려 힘이 솟구쳐 오르며 완전한 몰입 상태를 체험하기도 했다.

많은 정성과 애정이 들어간 책이라 많은 이들에게 사랑받았으면 하는 마음도 있지만, 단 한 사람만이라도 이 책을 통해 변화되었으면 하는 마음이 더 크다. 아주 작은 변화라도 전과 달라져 더 성장한 모습이 되길 바라는 마음이다. 이 책을 통해 '그리고 내 인생이 변화되었다'라고 말해주는 독자가 있었으면 좋겠다.

내 인생이 영화라면 그 영화의 주인공이 되자. 나는 그럴 만한 무한한 능력을 가진 가치 있는 사람이다. 내가 나를 그렇게 봐주고 믿어주지 않으면 아무도 나를 그렇게 대해주지 않는다.

마지막으로 내가 너무나 좋아하는 헨리의 시 한 구절을 다시 한 번 강조해본다.

나야말로 내 운명의 지배자이며, 내 영혼의 선장임을 잊지 말자.
자! 이제 담대히 노를 저어갈 준비가 되었는가?
선장으로서 멋지게 꿈꾸고 탐험할 당신을 뜨겁게 응원한다.

뜨거운 사랑을 담아

조성희

인생은 한 번뿐이다.
단 한 번뿐인 인생!
진정 살자.

그것은
당신의 선택으로부터
시작된다.

— 소성희

독자후기

단 하나의 놀랍고 멋진 삶은 바로 내가 만드는 것!

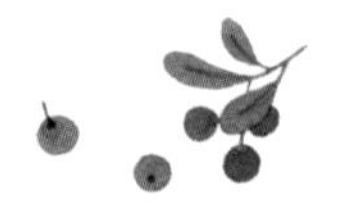

평소 마인드에 관심이 많았던 나는 유튜브에서 조성희 대표님을 본 순간 '마인드계의 구루'라고 느껴졌고 반해버렸다. 바로 책을 구입해 목차를 살펴보는데 심장이 콩닥콩닥 뛰었다. 새벽기상 후 매일 필사를 시작했다. 평소 작은 것에 예민하고 감정기복이 심하던 나는 필사한 이후 신기하게도 마음이 오래도록 평온한 상태가 유지되었고, 얼굴이 환해지면서 매일 행복하고 내면의 풍요가 넘쳐나기 시작했다. 내가 나의 변화를 직접 느끼면서 가족과 지인들에게 책을 선물했는데, 어림잡아도 40권 이상 되었다.

첫 번째 필사를 끝내고 두 번째 필사를 하던 얼마 전, 우리는 집 재계약이 안 되어 길거리에 나앉을 상황이 되었다. 예전의 나였다면 원망과 짜증으로 하루하루를 보냈을 터. 하지만 필사의 힘인지 나는 말도 안 되는 그 순간에 내가 할 수 있는 일과 할 수 없는 일을 생각하면서 마음에 집중하며 해결 방법을 생각했다. 그 결과 일은 잘 해결되었고, 남편도 필사를 시작하게 되었다. 심지어 친정엄마도 100일 필사를 채웠고 남동생도 진행 중이다. 엄마의 100일 필사 책을 보면 정말 너무 감동스러워 눈물이 난다. 알파벳도 모르시는 분이 영어까지 따라 쓰며 반나절이나 걸렸다면서도 감사하고 재밌다고 말하는데 그 모습을 잊을 수가 없다. 이렇게 '뜨나응'은 내 인생책이 되었다. 더 많은 분들이 뜨나응 필사를 통해 자신만의 멋진 인생을 열어나가길 진심으로 바란다. 해바여신 서수연 님

봐도 봐도 볼 때마다 다르고, 안 보이던 것들이 보이고, 안 들리던 것들이 들리는 신기한 경험. 해본 적 있으세요? 《뜨겁게 나를 응원한다》가 저에겐 딱 그랬어요. 저는 영상 3번째, 필사는 2권째 진행 중입니다. 이 책 한 권으로 정말 많은 인생의 진리를 얻고 있어요. 당장 내면을 바꿔나가고 싶다면, 성장하고 싶은 사람이라면 조성희 대표님이 장장 2년에 걸쳐 올린 유튜브 영상 '100일 마음근육 강화 프로젝트'와 함께 이 책을 필사하길 추천합니다. 필사와 함께 영상을 보면 가슴속에서 큰 전율을 느낄 수 있을 것입니다. Minee 님

내 책상 책꽂이에는 《뜨겁게 나를 응원한다》 책이 2권 있다. 한 권은 내가 혼자 쓰는 책이고, 다른 한 권은 친정 가족들과 함께 쓰는 책이다. 작년에 이 책을 필사하며 마음근육이 단단해짐을 느꼈다. 주변에도 많이 추천했고, 내가 운영하는 '미모국대' 오픈방에도 필사하는 분들이 상당히 많아졌다. 이 좋은 것을 가족들도 함께 하고 싶은 마음에 권했다. 처음에는 반응이 뜨뜻미지근했다. 가장 변화시키기 쉬운 것이 '나'이고, 가장 변화시키기 어려운 게 '가족'임을 알기에 별

말 없이 넘어갔다. 그러다 둘째가 가장 먼저 하겠다고 선언했고, 이후 엄마와 막냇동생까지 모두 시작했다. 카카오톡 가족톡방에 필사한 사진들을 올리는데, 그 사진들을 보는 것만으로도 뿌듯하다. 매일 한 장의 필사가 100일 동안 누적되면 어떻게 달라지는지 내가 이미 경험해봤기에 가족들의 변화도 너무 기대된다. 우리 아이들이 좀 더 크면 이번에는 아이들과 함께 필사하며 자신을 뜨겁게 응원하는 법을 알려주고 싶다. 미사 유선희 님

이 책은 나에게 큰 용기와 큰 동기를 부여해준 책이다. 지금 100일 필사 33일차인데 벌써 큰 변화가 생기고 있다. 항상 돈과 시간, 용기가 없어서 면허를 못 따고 살았는데 일주일 만에 면허를 따고 차까지 구입했다. 예전이면 상상도 할 수 없는 추진력이다. 필사를 시작하기 전 나는 모든 일에 2퍼센트의 노력도 하지 않았다는 사실을 깨달았다. 그러면서 내가 꿈꾸는 목표에 100퍼센트의 에너지와 노력을 쏟아 부으면 못할 일이 있을까 하는 의문이 들 정도로 마음근육이 탄탄해지고 있음을 느낀다.

사실 나는 중국인으로 어떤 유튜브 채널에도 관심을 두지 않았는데 《뜨겁게 나를 응원한다》를 바탕으로 한 '마음근육 강화 프로젝트'는 알람 설정까지 해두었다. 필사를 시작한 나에게, 필사를 하면서 나 자신을 돌아보는 기회를 갖게 된 나에게 토닥토닥 잘했다고 칭찬해주고 싶다. 이제 한 치의 의심도 없이 에너지를 내 마음근육을 탄탄히 만드는 일에 쓸 수 있을 것 같다. 황신비 님

지금까지 이 책을 6번째 필사하며 블로그에 포스팅을 하고 있다. 내 목표는 10번 필사다. 매일 필사하며 부정적인 마음을 제거하며 마음근육을 더 튼튼하게

만들고 싶다. 나를 성장시켜 준《뜨겁게 나를 응원한다》는 정말 고마운 책이다. 내가 받은 큰 사랑, 희망, 용기를 다른 사람들에게 전하고 있는데, 블로그 이웃들도 필사를 하며 변화해가는 모습을 보니 진정한 행복을 느낀다. 40대인 나는 지금 20대보다 더 큰 꿈이 생겼고, 20대보다 더 열정적이고 열심히 살아갈 수 있어 하루하루가 행복하다. 어떤 사람을 만나느냐에 따라 인생이 달라진다고 하는데, 이 책과 조성희 대표님을 본받아 나도 사람들에게 꿈과 희망을 주는 희망 전도사로 살아가고 싶다. 정미영 님

지난 100일간 하루도 빠짐없이 빼곡히 채웠다는 사실에 감사한 마음이 가득하다. 정말 그 누구도 신경 쓰지 않고, 오직 나만 생각하며 끄적인 기록이었다. 나를 위해 흘러가는 대로, 생각나는 대로 끄적인 기록. 정말 고맙고 감사하다. 코끝이 찡해지면서 나의 노력에 감사를 보낸다. 100일간 쓰면서 내가 바라는 것이 무엇인지 명확해졌고, 명확해진 만큼 좀 더 용기 내어 움직일 힘이 생겨 하나씩 행하고 있다. 100일간 끝까지 해내주어 고맙고 사랑한다. 운이좋은아름 님

이 책은 읽는 책이 아니다. 한 단어 한 단어 꼭꼭 씹어서 내 머리와 가슴에 새겨야 하는 책이다. 매일 필사를 하고 동영상을 보며 기록으로 남긴 지 딱 100일이다. 그 기록들은 내 블로그의 '성장일기'에 담아두었다. 조성희 대표는 이 책을 통해 밥 프록터, 브라이언 트레이시, 마크 트웨인, 나폴레온 힐, 랄프 왈도 에머슨, 마더 테레사 수녀 등 성공한 분들의 명언들과 함께 하루하루 성장하도록 응원해주는 찐 마인드파워 스페셜 리스트다. 독학으로 영어를 완벽하게 마스터한 그녀가 사비를 털어 마인드계의 살아 있는 전설 밥 프록터에게서 배운 것들

을 아낌없이 쏟아부어 주어 너무 감사하게 생각한다. 나는 새롭게 태어났다. 내가 원하는 것이 무엇인지 알게 되었으며, 아이들에게도 마인드의 중요성을 알려줄 수 있어서 참 다행이다. **북카페송여사 송은정 님**

저는 운동도 안 하고, 잘하는 것도 없는 보잘것없는 사람이었습니다. 그런 제가 마인드파워를 알게 되었고, 조성희 대표님의 유튜브를 보는데 갑자기 심장이 막 뛰었습니다. 누군가 나에게 진작 이런 말들을 해주었더라면 나는 어떻게 달라졌을까 하는 생각이 들었습니다. 유튜브를 보면서 《뜨겁게 나를 응원한다》를 두 번째 필사 중입니다. 어느 날 보니 제가 운동을 시작하고 식이요법을 하고 있더라고요. 단정하게 옷을 입고, 부드럽게 말하고 웃으며, 낭비하지 않으려 하고 있습니다. 이게 '긍정 파워인가 보다' 하고 느끼는 순간 진짜 소름이 끼쳤습니다. 요즘은 우울이 오면 바로 걷어차 버립니다. 억지로라도 좋은 생각을 합니다. 어둠 속에 묻혀 있던 저는 이제 빛의 대지로 걸어 나오고 있는 중입니다. 제가 길 위에 설 수 있게 해주어서 진심으로 감사합니다. **럭키물의꿈 윤희숙님**

사실 어제는 기다렸던 '뜨나응' 100일 필사 마지막 날이었다. 100일 동안 자발적으로 무언가를 지속한 적이 거의 없어서 내가 이걸 100일 동안 지속하면 과연 무엇이 달라져 있을까 기대가 컸다. 그런데 막상 당일이 되었지만, 코로나 시국에 가정보육으로 피곤에 절어 넉다운된 나머지 기쁜 마음이고 뭐고 힘들기만 했다. 한참 멍하니 있다가 2권의 줄노트와 바인더를 꺼내 보니 그제야 내가 무엇인가를 많이 해냈다는 실감이 나기 시작했다. 이 책을 필사하면서 나는 작은 성취감을 맛보았고, 나를 더 돌보고 보듬을 수 있게 되었다. 시간을 효율적으로 쓰려 노력하게 되었고, 생산적인 삶을 추구하는 나로 변화되었으며, 그 마음이 아이들을 더 즐겁게 돌볼 수 있는 원동력이 되어주었다. 이 많은 변화들을 한마디로 요약하면 '앞으로 나아갈 수 있게 되었다'는 것이다. 100일 동안의 필사가 기적을 일으켰다기보다 100일간 나의 크고 작은 노력들이 변화를 만들어냈음을 깨달았다. 지금까지 작은 변화와 성장을 바탕으로 앞으로 더 노력하는 내가 되어야겠다. 우아올리 님

어제 학원생인 윤서가 100점 시험지를 들고 왔다! 중등 3년 내내 시험지에서 1~2개씩 틀려 와서 속상했는데, 며칠 전에도 "저 2개 틀릴 것 같아요" 하고 하원했다. 나는 학원을 나서는 윤서를 붙들고서 이렇게 말해주었다. "나는 다 맞을 거야! 나는 다 맞을 거야! 나는 다 맞을 거야!" 이 말을 세뇌시켜 보냈는데, 정말 윤서가 100점 시험지를 들고 왔다. 3년 동안 처음이다! 늘 고만고만한 실수가 있어서 너무 아쉬웠는데.... 《뜨겁게 나를 응원한다》를 필사하고 너무 좋아서 아이들에게 조성희 대표님의 마인드 파워를 세뇌시킨 결과 이렇게 좋은 결과가 생겼다. 이번에 우리 학원을 졸업하는 중3 아이들에게 모두 이 책을 선물해 조 대표님의 유튜브를 들으며 필사하게 하려 한다. 강의 듣고 필사하면서 더 많은 아이들이 기쁜 소식을 전할 수 있기를 기대해본다. 1122eunsuk 주은숙 님

살아가면서 우리는 종종 자신을 응원하는 걸 가장 소홀히 할 때가 많습니다. 저 역시 타인에게는 무한정 오픈하고 격려와 응원을 아끼지 않는데, 제 자신에게는 칭찬과 격려보다는 왜 더 잘하지 못했는지 엄격한 잣대를 대며 살았던 것 같습니다. 그러다 만나게 된, 작년에 읽고 너무 좋아 필사까지 했던 책, 《뜨겁게 나를

응원한다》. 이 책은 마인드파워 스페셜리스트 조성희 작가님의 대표작으로, 저는 작년에 유튜브를 보며 매일매일 마음근육을 단단하게 했답니다. 곧 둘째 출산인데 저도 모르게 우울해지기도 하고, 사회와 단절되어 가는 경력이 답답하기도 했던 요즘이었어요. 늘 긍정적으로 그리고 뜨겁게 나를 응원하자고 말하지만, 현실은 자꾸 잊게 되어 다시 한 번 뜨나응! 뜨겁게 나를 응원하기!를 실천해 보려고 합니다. 조금이나마 마음에 부정적인 기운이 드리울 때 나에게 주는 희망 메시지, 뜨겁게 나를 응원하며 살아요! 긍정여왕 정상은 님

"마인드파워 스페셜리스트 조성희입니다." 요즘 출근을 위해 시동을 걸고 가장 먼저 들으며 시작하는 채널이다. day 1부터 day 100까지 주옥같은 마인드를 다질 수 있는 글들을 필사하는 데 초점을 둔 책이다. 읽으면 사실 한 시간 만에도 다 읽을 수 있을 만큼 여유가 있고 가벼운 책이지만, 수백 수천 년을 걸친 위인들의 말과 명문장들이 많다 보니 짧은 문장 안에 생각할 거리가 가득 담겨 있다. 그래서 꾹꾹 눌러쓰고 필사하면서 떠오르는 아이디어와 생각들을 적지 않을 수 없고, 그러려면 하루에 한 페이지씩 온전히 내 것으로 만들고 필사하면서 이 책을 보는 것을 권한다. 삶을 간절하게 변화시키고 싶다면, 매일 최고의 에너지로 하루를 충실히 보내고 싶다면, 지금 바로 이 책을 들어야 한다. 빅머슬코퍼레이션 아이칸 님

매일 필사의 힘은 참으로 대단하다. 무엇을 쓰든 간에 자신을 다독이며 내면의 나와 마주하게 하는 힘이 있다. 하루 한 페이지를 채울 때마다 느낀다. 이 글들과 함께 나도 채워지고 있다는 것을. 마음에 드는 문장들을 만날 때마다 힘이

난다. 내가 나를 다독일 수 있는 힘. 나를 당당히 서게 만드는 힘. '나는 좋은 사람이다'라고 말할 수 있는 힘. 그 문장들로 하여금 나의 생각을 바꾸고, 결국에는 나의 운명까지 바꿀 수 있겠다는 희망적인 에너지를 얻는 매일 필사. 아직 매일 필사를 실천해보지 않은 분들이 있다면 꼭 해보라고 권한다. 그들도 나처럼 필사를 통해 자신을 성찰하는 귀한 시간을 선물 받길 바란다. 책 제목처럼 스스로가 뜨겁게 응원하는 삶은 타인이 응원해주는 삶과는 비교가 안 된다. 온전한 '나'로 제대로 설 수 있길 응원한다. 하늘마루쩐s 김혜진 님

만20년 만에 회사를 그만두고 멋지게 홀로서기를 하고 있었다. 그런데 퇴사 후 강의를 하고 있던 나는 코로나19로 설 자리가 사라질까 봐 겁이 났고, 그 마음을 달래고 마음근육을 키우기 위해 서점을 찾았다. 그때 눈에 들어온 책이《뜨겁게 나를 응원한다》였다. 제목부터 나를 다독여주는 것 같았다. 그렇게 '뜨나응'과 나의 인연은 시작되었다. 세상과 함께 강의도 멈춰 있는 시간 동안 나는 작가가 되기로 결심했다. '뜨나응'은 마중물이 되어주었고, 나의 첫 책《1회성 고객을 100번 방문 고객으로 만드는 비밀》에도 그 내용이 실려 있다. 때마침 옛 직장동료가 찾아와 답답한 현실을 토로했는데, 나는 긍정의 행동에 불을 붙이는 '뜨나응' 필사를 추천했다. 결과는 어땠을까? 필사를 시작한 후 그는 거짓말처럼 며칠 만에 해맑게 밝아졌다. 그와 나는 현실에 결코 타협하지 않았다. 현실을 탓하기보다 앞으로 나아가겠다고 결심했고, 그 마음을 행동으로 옮기면서 원하는 결과를 스스로 만들어가고 있는 중이다. 그래서 당신도 뜨겁게 자신을 응원해보길 바라는 마음으로 적극 권한다. 이로운한나 김현정 님

딱 내 스타일의 책이다. 여백이 있고, 짧은 글에서 생각을 오래 할 수 있으며, 눈길이 머무는 사진과 그림들. 갑자기 눈물이 흐르는 며칠이었다. 책을 들었는데 진정 이 책은 선물이었다. 찬겨울 바람만큼 힘들었던 내 마음이 스르륵 녹아내렸다. 그리고 다시 나를 응원하고 내 자신을 더욱 사랑하게 되었다. 놀라운 책의 힘이다. 책 한 권이 주는 마음의 선물! 그 어떤 유능한 상담자를 만난 것보다 나는 마음이 좋다. **유쾌한나겸쌤 이수진 님**

이런저런 생각들로 머릿속이 복잡할 때 가만히 무언가에 집중하고 싶어집니다. 아무 걱정 없이 끄적끄적 무엇이든 써 내려가고 싶기도 합니다. 평소엔 집에 있는 중고등 문제집들을 꺼내 풀어보곤 했는데, 불현듯 뇌리를 스치는 필사하기! 그래서 《뜨겁게 나를 응원한다》를 시작했습니다. 퇴근 후 잠깐이라도 책 한 권으로 나만의 시간을 가질 수 있다는 것이 참 행복합니다. 펜을 든 지 일주일째 깨달음을 주는 구절들을 많이 만났습니다. 어디선가 본 듯한 글귀들도 새롭게 다가옵니다. 그날의 컨디션에 따라 필체도 조금씩 달라집니다. 차분하게 마음을 가다듬으며 하루를 마무리하는 시간이 감사하게 느껴집니다. 그냥 눈으로 볼 때와는 확연히 다른 어떤 힘이 있습니다. 책 제목처럼 누군가 보이지 않는 곳에서 나를 뜨겁게 응원해주는 듯합니다. 하루 10분, 길지 않지만 충분히 나를 위로하고 변화시킬 수 있는 시간! 100일 후 나에게 어떤 기적이 일어날지 궁금해하며 하루하루 감사한 마음입니다. **pamushy 이지인 님**

나는 변리사 시험을 공부하면서 시험은 60퍼센트가 마인드 싸움이라는 것을 깨달았고, 요즘 마인드 공부하면서 인생의 90퍼센트가 마인드라는 것을 다시 깨닫고 있다. 조성희 대표님의 《뜨겁게 나를 응원한다》를 작년 가을부터 하나씩 매일 빠지지 않고 필사했다. 이 책은 단번에 읽어내는 책이 아니다. 나는 지금 어떤 생각을 하고 있는지 끊임없이 의식적으로 점검해줄 필요가 있는데, 이 책은 그런 면에서 최고다. 부정적인 생각이 틈타고 있지는 않은지, 시작을 두려워하는 생각이 있지는 않은지, 누군가를 미워하는 생각을 하고 있지는 않은지! 책 제목처럼 생각을 교정하면서 평생 뜨겁게 나를 응원할 것이다. 내 선택을 존중하고, 내 미래를 기대하면서, 오늘의 나를 감사함으로 받아들이고 있다. 비록 내가 실수할지라도 그것 역시 나의 일부다. 실수를 통해 배우면 되니까. 이렇게 생각을 바꾸면서 나는 나를 응원하고 있다. 둥이변리사 이민주 님

저는 인생 50대 후반입니다. 100일 필사를 하면서 매일 아침 눈 뜨는 게 행복하고 즐겁습니다. 제 삶에도 기적처럼 모든 일이 술술 풀리고, 잠깐 떠올렸던 나쁜 생각들도 마음근육 강화로 아무것도 아닌 일이 되어버렸습니다. 제가 변화하니 가족들도 더 행복해지고 남편과도 잘 지내고 있습니다. 매일 아침 필사를 하고 나면 저는 톡으로 아이들에게 공유를 합니다. 남편과 딸은 그런 저를 보며 변화하고 있고, 군대에 있는 아들도 엄마의 아침 톡이 싫지 않나 봅니다. 밝아진 저를 보고 주위 사람들도 건강하고 예뻐졌다는 말을 해주니 이 또한 덤으로 얻은 행복입니다. 초심으로 돌아가 더 나은 내가 되기 위해 필사를 다시 시작할 예정입니다. 더 변화하겠습니다. 감사합니다. 사랑합니다. 축복합니다. 엄지유 님

인용 출처

《부의 법칙》(2003), 캐서린 폰더 지음, 남문희 옮김, 국일미디어
《영혼을 위한 닭고기 수프 1》(2008), 잭 캔필드 · 마크 빅터 한센 공저, 류시화 옮김, 푸른숲
《나는 내일을 기다리지 않는다》(2013), 강수진 지음, 인플루엔셜
《스스로 행복한 사람》(2013), 랄프 왈도 에머슨 지음, 박윤정 옮김, 끌레마
본문 내용 중 출처를 확인할 수 없는 글도 있습니다. 연락 주시면 출처에 대해 반드시 명기하겠습니다.
본문 사진 중 일부를 교체했습니다. © Shutterstock, Unsplash, Pixabay

하루 10분의 필사, 100일 후의 기적

뜨겁게 나를 응원한다

1판 1쇄 발행 2016년 2월 5일
2판 1쇄 발행 2021년 5월 21일
2판 15쇄 발행 2024년 12월 24일

지은이. 조성희
기획편집. 김은영, 하선정
마케팅. 이운섭
사진. 밤삼킨별
디자인. 구민재page9

펴낸곳. 생각지도
출판등록. 제2015-000165호
전화. 02-547-7425
팩스. 0505-333-7425
이메일. thmap@naver.com
블로그. blog.naver.com/thmap
인스타그램. @thmap_books

ISBN 979-11-87875-12-3 (04320)
979-11-87875-11-6 (세트)